台灣對話錄 1989—2020

Dialogues on Taiwan 1989—2020

若林正丈
吳密察
張隆志、劉夏如 —— 策劃主編

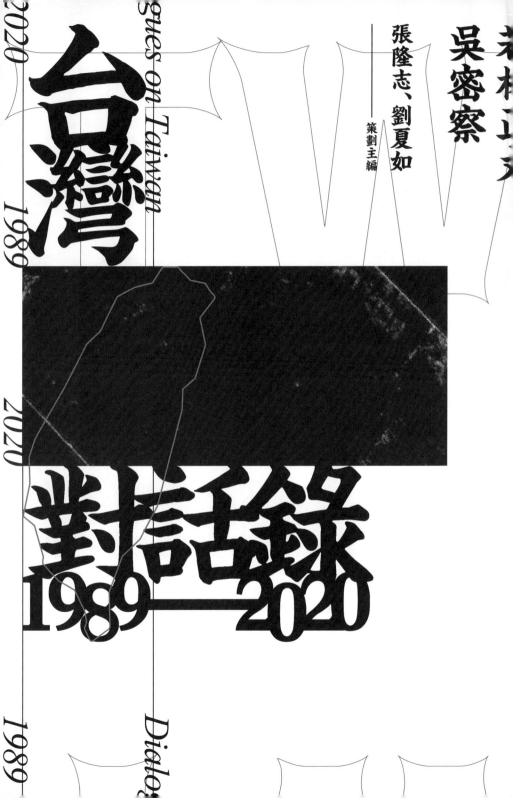

上圖、2018 年 12 月兩位策畫主編與兩位對談人在沾美藝術庭苑聚會，討論本書企劃與執行計畫。（由左至右為：吳密察、劉夏如、張隆志、若林正丈）

左上、2019 年 3 月 17 日於台大歷史系第一次對談後合影。（後排由左至右為：莊勝全、魏龍達、陳偉智、許佩賢、林欣宜、劉夏如、顏杏如、張隆志）

左下、2019 年 3 月 21 日於聞山咖啡台大店第二次對談後合影。（後排由左至右為：張隆志、劉夏如、許佩賢、顏杏如、陳偉智）

The Art of Aroma Perception in Coffee
The Art of Aroma Perception in Coffee

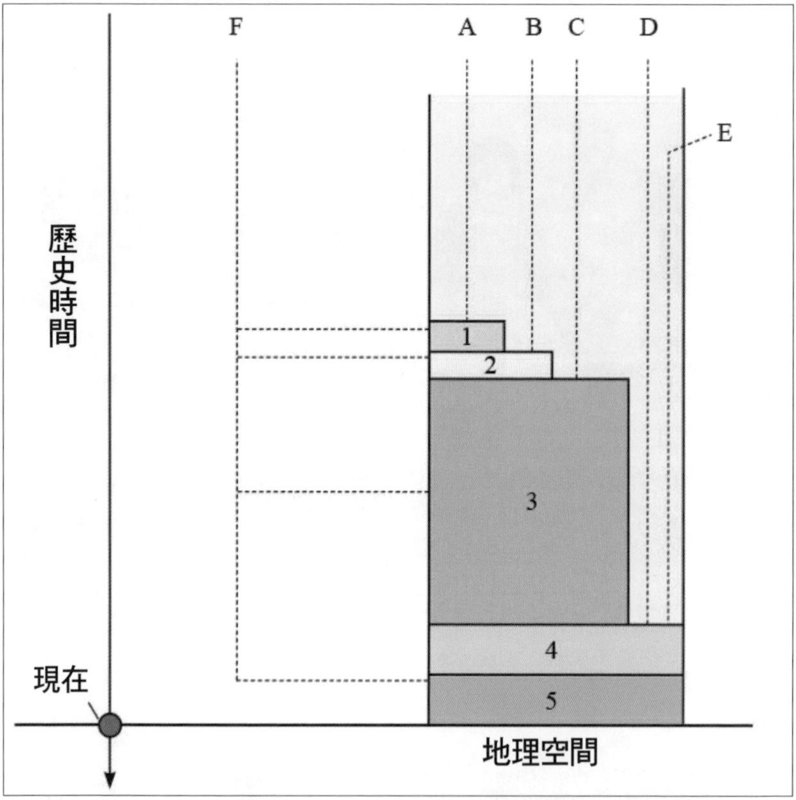

1. 荷蘭東印度公司時代
2. 明鄭時代
3. 清朝統治時代
4. 日本統治時代
5. 國民黨政府時代

A、B、C、D、E 代表不同區域的原住民，F 代表漢人。

------- 代表時間的歷程，也代表原住民和外人的接觸，以及漢人抵達台灣。

圖 1、若林正丈提到在複習台灣史研究的成果時，這張「以地理空間定義歷史脈絡示意圖」帶來了新的啟發。

資料來源：周婉窈《台灣歷史圖說》（三版）聯經出版公司，2016 年。

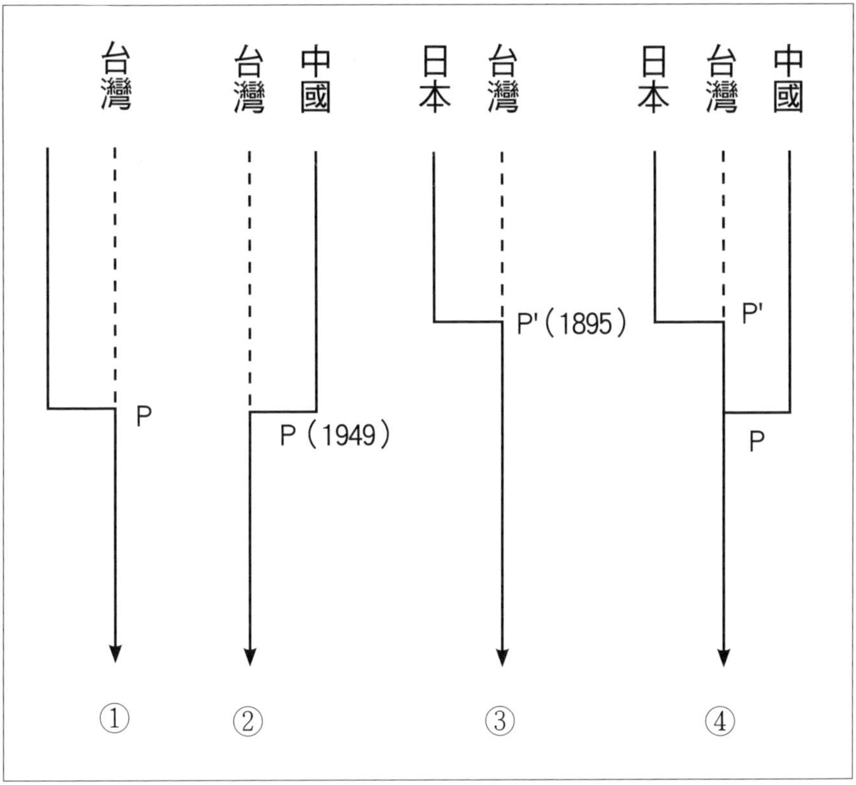

圖 2、吳密察〈台灣史的成立及其課題〉一文中「台灣史的時間脈絡」，在外部文化霸權籠罩時，台灣史在 P 或 P' 的時間點以後就看不見或看不太清楚了。

企劃說明

勾勒台灣研究的知識風景變貌

我於一九八八年進入台大歷史系就讀，當時大學部並沒有「台灣近代史」的課程，我接觸日本時代台灣的歷史並不是在正式的課堂上，而是在「大學論壇社」的社團讀書會上，由張炎憲老師、楊碧川老師導讀。

一直要等到一九八九年大二時，才由吳密察老師從日本回國開課，《台灣對話錄》這本書就是當時修課最重要的啓蒙參考書。大二那年，我也開始參加「台灣研究社」社團，受到隆志學長等人很多的啓發，跟著許多社團朋友參加「台調計畫」，協助調查整理台大當時現存的日文圖書目錄。實際體認到日文的重要性以及自己在日本近代史知識上的空白。

當時解嚴沒多久，「自由之愛」學生運動剛結束，但仍然常有一些跨校的讀書會與演講的活動。因爲社團活動的串聯，我認識了其他學校台灣研究社的朋友，近距離感受到大家的熱情。可以說，我們這一代是被「台灣」魅惑的一代，因為大學以前的教育完全跟土地脫離，對台灣歷史求知若渴，課堂上無法滿足，就從其他管道去找答案。

解嚴後如雨後春筍出土的台灣史作品，是非常重要的自我學習管道。相較於其他出版品，《台灣對話錄》這本書比較特別的是提供了一個外在視野，讓我知道許世楷、黃昭堂、劉進慶、涂照彥這些「日本的台灣研究第二世代」前輩作品背後的整體時代脈絡。這本書跳脫當時出版品熱門的運動史與政治史的面向，透過對談讓我知道社會史的取徑是重新發現台灣的必然走向。

確實，在我同期的學友當中，許多人從事教育、媒體、女性、文學等研究，大部分都可定位在對談裡提到的社會史脈絡。爾後社會史的延伸發展（文化轉向、全球史等）也印證在台灣史出版品，吃喝玩樂生活情感等各式主題，雖然豐富有趣，但也開始被批評過於碎片化，政治史的重要性因此重新受到關注，反映出當前學院體制的弊端與尋求突破的努力。面對這些變遷，《台灣對話錄》出版三十年後的回顧與前瞻，對新世代的讀者或研究者而言，饒富意義。

除此之外，當時只覺得這本書採用對談形式很有趣，閱讀時很有現場感，許多學術專業的內容透過兩位老師旗鼓相當的問答方式，變得生動有人味，不再只是陌生的文字表象，學習動機大爲提高。世代與時代，個人與學術，對話錄出現的這些絮語火花，讓當時想研究台灣的學徒對於自己所處的位置，有了比較清晰的方向感。這些閱讀體驗，是很難從一般的學術書（專著論文集）與教養書（入門書或教科書）獲得的。可惜該書已絕版多年，其後，在台灣史領域當中，這種深度專業對話的類書似未復見。

直到後來我留學日本，進而從事與日本相關的出版文化產業，才明白「對談集」是日本很重要的出版品分類，是漫畫圖解之外，普及知識的教養書常見文類。書店架上常見公共知識人針對特定分野或議題的新書對談集，甚至延伸出將不同立場的論爭歷程整理出書，以增加社會大眾的思辨能力。出版原型已不可考，但多半可以從柏拉圖蘇格拉底的哲學對話談起。相對於此，管見所及，華文世界常見演講稿、訪談紀錄的集結成書，專業對談形式多侷限在報紙雜誌的專題報導，以出書普及知識爲目標的一對一深度對談集，並不多見。箇中文化差異，令人玩味。

這也是我參與企劃本書的動機之一。這三十年來，台灣史研究不僅取得學院市民權，也帶動了民間出版品的蓬勃發展。學院知識不斷再生產，台灣史的圖文普及寫作也更加琳琅滿目。此時此刻，我們爲何還需要一本對話錄呢？

首先，透過個人的學思經歷，帶出知識史的主題，本來就是對談集的文類格式。兩位老師長期的學術交誼，桃李滿天下，奠定台日文化交流的知識基礎，透過他們的對談，我們得以勾勒出這三十年來台灣研究的知識風景變貌。

其次，反映並記錄時代與社會的需求，提升大衆文化素養，本就是出版產業的使命。不管網路時代閱讀載體與流通形式如何改變，出版的意義是無法被輕易取代的。舊版《台灣對話錄》由玉山社總編輯魏淑貞主責的前身自立晚報文化出版部發行，《台灣對話錄 一九八九—二〇二〇》除了見證三十年來的變遷，亦希冀能承先啓後，繼續透過出版來豐富台灣研究的沃土。面對新冷戰與地緣政治的劇烈變動，透過知識凝聚共識，在時代變局中找到安身立命的座標軸。

台北科技大學文化事業發展系兼任講師，曾任台大「台灣研究社」總編輯　劉夏如

*本書以二〇一九年三月十七日（於台大歷史系）、三月二十一日（於「聞山咖啡」台大店）、八月二日（地點同前）的對談內容爲基礎，重新構成章節，並視段落需求添加小標，方便讀者閱讀。感謝當日的與會者：許佩賢、陳偉智、林欣宜、顏杏如等人提供的意見，以及莊勝全、魏龍達兩位協助錄音整理。

導讀

三十年前、三十年來與三十年後

前言

距今三十年前的一九八九年，《自立晚報》出版部刊行了《台灣對話錄》，當時任教於東京大學的年輕教授若林正丈，與正在東京大學留學的青年學者吳密察，在《自立晚報》副刊主編劉克襄的策劃邀請下，針對解嚴後正在起步發展中的台灣史研究進行了深入對談。書中並以若林一九八三年至中國廈門大學訪問時的觀察日記為基礎，提供了兩岸開放交流後的中國大陸台灣研究現況觀察與報導。

在此書出版三十年後的二〇一九年三月，若林正丈和吳密察來到台大文學院二樓的研討室再次對談，一起回顧當代台灣史研究教學與國際化的發展軌跡。其後經過數次的補訪筆錄，以及多次的跨國信件往返後，新版的對話錄終於在全球的新冠疫情與兩岸地緣政治危機聲中完成出版，呈現在新一代的讀者眼前。

三十年前的台灣，剛解除戒嚴，開放黨禁報禁，開放兩岸探親和觀光，股市破萬點行情，充滿了衝決網羅的生猛活力和可能性。也是台灣史突破禁忌、撥雲見日，開始蓬勃發展的新契機。三十年來，民主化的台灣目睹了七次總統大選與三次政權轉移的洗禮，以及經濟全球化、金融危機，尤其是中國崛起後的政經衝擊。在此關鍵期間，台灣史研究從新興本土研究課題，歷經學科化到國際化的發展，如今正面對著新世紀的轉型挑戰。

《台灣對話錄 一九八九—二〇二〇》的策劃編輯和出版，希望能爲三十年來的台灣與台灣史研究的發展留下重要的見證和記錄。以下的導讀將以「三十年前、三十年來與三十年後」爲題，透過新舊對話錄內容對照，與大家一起回顧兩位老師在台灣史人才培育，知識公共化與跨國學術交流等方面的長期合作成果。期待新時代的年輕讀者們，能以兩位重要學者的學思歷程與奮鬥經驗爲借鏡，共同構築未來台灣史研究的宏觀願景及行動方案。

三十年前：重讀舊版《台灣對話錄》

在二十一世紀的當代台灣，重新回顧三十年的舊版《台灣對話錄》，讀者們可以在上篇「廈門通信」中，看到若林教授在一九八三年擔任廈門大學訪問學者的親身見聞，並在下篇「台灣對話錄」裡看到吳密察教授如何在一九八八年二月的對話中，以台灣史學者的視角，仔細詢問若林如何觀察改革開放初期的中國社會，如何訪談中國大陸的台灣人士，以及對於剛起步的台灣研究的評論。並進而從學術世代的觀點，回顧日本的台灣研究發展軌跡，以及對於解嚴後台灣政治與學術的評論。

基於史料價值的考量，《台灣對話錄 一九八九—二〇二〇》收錄了已絕版的原書下篇對談作爲附錄，提供讀者們理解三十年前台灣史研究的學術政治氛圍。此一重要對談部分內容，亦曾刊登於一九八八年十月號《當代》雜誌的台灣史的國際研究專輯，介紹台灣、日本、美國與中國大陸等地區的研究動態。以下試從新舊版對照閱讀的角度，回顧兩位教授的對談內容及主要論旨：

1. **日本台灣研究世代論**：吳密察將若林定位爲日本台灣研究的第三代學者，與第一代學者（日本人爲主，戰前於台灣任教，戰後持續研究台灣）及第二代學者（台灣人爲主，一九六〇至七〇年代留學日本，並以日文出版台灣研究論著）。他指出第三代學者爲缺乏台灣經驗的戰後世代，並從研究取向及資料方法等方面，指出其多從檢討日本殖民地統治的歷史展開其學術生涯。若林認爲在日本從事台灣研究的學者人數仍然很少，很難說明其世代的不同特色。而相對於戰前矢內原忠雄的名著《日本帝國主義下的台灣》（一九二八），戰後直到劉進慶《戰後台灣經濟分析》（一九七五）等作品，在學術水平上才能與其並駕齊驅。而戰後日本對於台灣的學術研究，亦是由台灣人爲主的第二代學者展開。

2. 日台研究傳統的斷層：吳密察指出第二代台灣人學者作品由於政治因素並未流入台灣，直到一九七〇年代陳其南、林滿紅與陳秋坤等接受美國訓練的新生代學者出現後，才改變良莠不齊的研究狀況。若林亦說明其研究是從精讀第二代學者如許世楷等人作品及《台灣總督府警察沿革志》等核心史料出發。吳密察進而以岩生成一、曹永和與中村孝志爲例，對於台灣能否在二十年內再培養出荷蘭時代的研究學者感到悲觀。若林則提到中村孝志關於台灣總督府對岸政策與台灣籍民的新近研究，兩人均對於其博覽史料的功夫及開拓新課題的能力表示佩服。

3. **台灣近代史料的不足**：若林在對談中指出台灣學者常引用林獻堂相關資料，並詢問其日記是否無法出版？吳密察認爲學界對於台灣近代史的研究仍有太多空白，如林獻堂日記等民間史料仍未做系統性的開發。他以東大日本史教授伊藤隆的政治史研究爲例，說明全面掌握政府檔案，地毯式蒐集日記書信等私文書，以及進行口述訪談的重要性。若林則以《警察沿革志》的共產主義資料爲例，說明官方資料的限制與陷阱，以及缺乏台灣共產黨史料所造成的研究困難。吳密察也表示台灣議會設置運動史的研究由於缺乏原始文件，導致無法解決其動員過程及地方實際參與等重要問題。

4. **學術使命感與民族主義**：吳密察表示他選擇明治三〇年代爲研究主題，是想先避開熱門的抗日史與現代問題，以落實「禁欲」原則並在學院內建立起眞正學術性的台灣史研究。若林亦說明其所做的台灣當代政治觀察，是基於台灣正面臨轉變的關鍵時刻，日本學界需要有人全面投入此一工作。吳密察進而批評由於傳播媒體及社會需要，不少應急作品充斥市場，而有些學者利用台灣史爲工具發表議論，乃至出現爭奪歷史解釋權的鬧劇，不利於起步中的學科發展。若林則認爲台灣新聞界對台灣史的需求現象，可視爲台灣新興民族主義的反映。而學界本身應該有相對獨立的領域，以提高議論的品質。並以矢內原忠雄爲例，強調學者仍應以經得起時間考驗的研究作品爲目標。

5. **當代政治與現代史研究**：在對談進入尾聲時，吳密察請若林回顧其從事台灣研究的歷程，並對其研究方法進行自我評價。若林指出其選擇台灣抗日運動史爲題，與大學時期的學潮經驗及批判日本帝國主義的動機有關。而相較於其博士論文以政治史與思想史爲主要取徑，若林認爲唯有透過社會史的方法，才能抓到台灣史中最重要的要點。吳密察亦同意其《台灣抗日運動史研究》（一九八三）與其後相關作品，在資料開發與研究視角上均成爲此一課題最重要的指標性成果。兩人均指出《警察沿革志》在資料與架構上的限制，以及過份強調抗日運動的史實，使得研究者無法深入處理殖民統治技術等問題。在結語中，若林提到他在一九二三年裕仁皇太子訪台旅行（東宮台灣行啓）的近作中，已經從抗日運動研究逐漸轉向殖民地政治過程的研究。而對於當代政治的觀察，則分散了對於歷史問題的注意力。雖然對於兩方面都非常有興趣，但經過考慮後暫時決定放下歷史研究。而要掌握台灣政治問題，一定要有歷史社會學的觀念，希望未來能回到歷史研究的道路上。而吳密察詢問如何面對當初走上台灣研究這條路的選擇，若林則強調在日本從事台灣研究是一件很孤獨的事，但堅持沒有放棄是對的：「看到台灣社會開始『動』起來，感覺非常有意思。」

三十年來：《台灣對話錄 一九八九—二〇二〇》簡介

《台灣對話錄》出版三十年來，兩位對談者的學術生涯都歷經了重大的發展與變遷：若林正丈於一九九〇年代在東京大學培育多位台日研究新秀，並與同仁們於一九九八年共同創立日本台灣學會。其關於戰後台灣政治史的研究專書及推動日台交流的長期努力，也獲得了日本學界的重要獎項與政府的表彰肯定，現任東京大學及早稻田大學名譽教授，被尊稱爲日本學界研究台灣政治的第一人。吳密察於一九八九年起在台灣大學歷史系開設台灣近代史課程，並推動跨國台灣史料整理計畫，啓迪了新世代台灣史研究的風潮。其後歷任文建會副主委、國立台灣歷史博物館館長、國立台灣文學館籌備處主任、國史館館長，現任國立故宮博物院院長。由於上述背景，若林與吳兩人在三十年後的重新對談，除了個人生命史的意義，更可以作爲台灣研究學術史，乃至台灣現當代史與台日關係史的重要參照。

相較於三十年前的對談內容，《台灣對話錄 一九八九—二〇二〇》的主題延續了舊版對於台灣史料的開發及歷史解釋的探索。並以日本台灣學會爲例，討論當代日本台灣研究的建制化發展。兩人更以若林的台灣學作品爲焦點，討論區域研究與社會科學的方法論課題，並從後設（meta-level）的視角，反思台灣歷史研究與戰後日本精神史的發展。結語則針對台灣史研究建置化及外部環境的變遷提供觀察和評論。編者也邀請了五位台灣和日本的青壯年台灣研究學者，與讀者們分享師友從學與會議活動的回憶，作爲兩位老師共同推動新生代台灣史研究人才培育及台日學術交流的生動註腳。以下試提要介紹新版對談內容及主要論旨：

1. **舊版緣起與再對談的契機**：吳密察首先從一九八八年《自立早報》副刊創刊的時代背景，重新回顧舊版《台灣對話錄》的出版緣起。並說明三十年來台灣史研究無論在學術建制化與軟硬體各方面發展和變化，都是當年無法想像。若林則感嘆近年來台灣摯友們的陸續過世凋零，並謙稱自己是以台灣史研究的逃兵身份來參與對談，並將從日本的台灣研究的視角來進行回顧和評論。

2. 台灣史料的發掘調查與利用：吳密察認爲回顧三十年來台灣史研究的首要課題

和成果，應從基礎史料的開發利用著眼。並以親身參與台灣大學歷史系的課程教學、台北帝國大學日文台灣藏書史料的調查研究、蔣經國基金會支持的海內外台灣史檔案文書調查與目錄編纂計畫，說明一九九〇年代台灣史料開發利用的發展成果。進而以台大「台灣歷史數位圖書館」（THDL）爲例，介紹新世紀網路科技與數位典藏趨勢，對於史料公開與歷史研究的重要影響。

3. **史料開放後的歷史解釋問題**：若林提到他自一九八〇年代後便轉向當代台灣政治與民主化的研究和觀察，直到近年來重新展開歷史研究。吳密察評論台灣史料研究條件大幅改善擴展後的研究成果。認爲多數研究者仍缺乏對史料性質與時間脈絡的深入批判與理解，導致對於台灣各時期歷史特色與基本問題的認識仍停留在印象層次。若林則認爲宏觀的歷史分析視角，有助超越狹義的史料研究的侷限。兩人進一步以十八世紀台灣的移民社會形成與地域社會研究爲例，討論社會科學概念與區域比較研究的重要性。

4. **日本台灣學會與研究動向**：若林分享他於一九九八年參與創設日本台灣學會並擔任首任理事長的心路歷程及親身觀察。並指出學會目前仍是以論壇（forum）型態運作，在制度化方面仍有待繼續努力。吳密察則肯定學會的歷史意義和學術影響，並從日本近代學術史的脈絡，說明台灣研究的建制化，實與其政治及學術能見度有關。若林進而提到學會初創時的沉重危機感與同仁的集體努力。並以「一代人做一件事」做爲學會二十年來的發展軌跡與世代更迭的註腳。

5. **若林台灣研究歷程的回顧**：若林以其系列代表作品爲焦點，回顧《台灣抗日運動史研究》出版一書後的研究歷程及相關作品的學術史脈絡。並以「東宮行啓」與「台灣土著資產階級」等課題與假說爲例，說明其台灣近代政治史問題意識與分析架構的轉變。吳密察則從《台灣：分裂國家與民主化》一書在當時的暢銷流行，說明若林的作品對台灣讀者和學界的影響。兩人進而針對區域研究（area studies）與社會科學的關連，理論概念與文獻研究的互補，以及研究方向與課題的選擇等議題進行交流。

6. **反思日本的台灣研究與戰後精神史**：面對「爲何重回歷史研究」的提問，若林除了說明台灣史學界近三十年來有許多重要成果如施添福等人的研究需要重新補課外，更進而說明其晚年正在構思中的「台灣來歷論」，並以圖示方式說明曹永和、周婉窈與吳密察等台灣學者的史觀，如何影響其建構台灣歷史發展解釋模型的嘗試。吳密察亦分享其治史方法與閱讀策略。並以 B. Anderson 的想像共同體論與日本的東南亞研究爲例，補充其對於台灣史上社會、國家與國民形成的見解。兩人並共同思考如何重新定位伊能嘉矩等戰前日本學者及殖民學術遺產，以及如何反省戰後日本知識份子如矢內原忠雄等人遺忘台灣與殖民地歷史的精神史。

7. 台日青年學者的培育和交流：若林和吳密察在本次對談中，簡要地回憶了一九九〇年代中期共同推動的青年學者交流活動。並回顧兩人在東京大學與台灣大學兩地，分別培養新生代研究者的教學歷程。此一活動計畫雖於二〇〇四年正式結束。但其後逐漸發展成爲台日東亞史研究生的跨國學術交流網絡。而當初從學於兩位老師的青年學子，如今已成爲日台各大學及研究機構的中堅人才。關於此段重要史實，請讀者參見本書附錄中由三澤眞美惠、洪郁如、顏杏如、陳文松及陳偉智等日台青壯年台灣研究學者的短文。

8. 當代台灣史研究趨勢與外部環境變遷：吳密察以一九八六年由張光直院士推動的中央研究院台灣史研究計畫，作爲台灣史研究正式建制化的重要里程碑。並說明其留日回國後，積極培養日本殖民時期新生代研究者的努力。進而提要列舉了歷史地理、族群史、二二八與白色恐怖等當代台灣史重要課題和新領域。若林則詢問吳密察中國大陸台灣研究的近況，並回憶其在三十年前《廈門通信》中所訪問過的人物和機構。兩人以面對中國崛起與東亞地緣政治變化的影響，作爲本次對話的結語。

代結語：展望三十年後的台灣

二〇二〇年二月二十九日，由二十多位來自日台兩地若林正丈指導的學生們共同執筆的《台灣研究入門》由東京大學出版會正式出版。同日，若林原定於日本早稻田大學發表最終講義（退休演講），正式告別數十年來的教學生涯，惜因新冠疫情取消。三月，《台灣抗日運動史研究》（全新增補版）中譯本在台灣出版，並由吳密察以「我所認識的若林正丈」爲題撰寫導讀，紀念兩人四十年來的學術友誼。十月，日本政府頒贈瑞寶中綬章給若林，表彰他對日台學術交流的功勞，爲本書的內容作出生動的註腳。

若林曾在舊版《台灣對話錄》跋語中，引用日語「傍目八目」的比喻，自我期勉能「作爲有意義的旁觀者，爲台灣讀者提供不同觀點和觀察。」然而在《台灣研究入門》

序言中，他則以追求相互理解的學知爲題，期勉未來的日本學者能超越過去的帝國學知與殖民遺緒，與台灣學者們共同面對二十一世紀東亞與世界的新情勢。而重返歷史研究後的若林，在全力進行其台灣來歷論與研究方法論的寫作同時，也在「nippon.com日本網」撰寫「我的台灣研究人生」系列文字，回憶其數十年來與台灣友人們的交遊點滴，更出版新出土《台湾議会設置関係書類》（東京：不二出版，二〇二〇年）的史料解題，回應其三十年前對於台灣近代史料闕如的提問。撫今思昔，面向未來，三十年後二〇四九年的台灣與台灣史研究將是何種景觀呢？期待《台灣對話錄一九八九—二〇二〇》的問世，能爲讀者開啓面向過去、展望未來的窗口，一起進行我們每個人的「台灣對話」！

中央研究院台灣史研究所　副研究員兼副所長　張隆志

目次

台灣對話錄

1989-2020

三十年後的回顧與再出發

1.《台灣對話錄》舊版緣起

吳：

我先說明一下當年《台灣對話錄》這本書出版的背景。一九八八年一月《自立早報》創刊，劉克襄擔任副刊主編，當年因爲同爲自立報系的《自立晚報》之副刊由向陽主編，已經發展出相對穩定的路線，劉克襄主編《自立早報》副刊雖然也將本土內容作爲目標，但總要與之有所區隔。結果，他不再走向陽主編的那種以台灣本土文學爲主要內容的副刊，而是發展出來可以稱爲「台灣研究」的副刊。最初的一段時間裡，劉克襄自己親自寫了一些介紹十九世紀後半葉西洋人來到台灣調查、旅行的文章，爲大家開了以前較不熟悉的一扇窗，讓大家眼睛一亮。例如，現在大家幾乎都知道的英國人 Swinhoe（郇和），就是他所寫的幾個西洋人之一。在此之前，卽使有一些人知道

Swinhoe，但劉克襄在《自立早報》副刊介紹時將他的中文名字寫成「史溫侯」，現在看起來「史溫侯」反而似乎比「郇和」更廣爲人知了。後來我也被劉克襄找來寫文章，我記得似乎也曾經在《自立早報》的副刊寫了一陣子的小專欄。

就在這樣的背景下，一九八八年三月，我將若林的「廈門通信」翻譯成中文，在《自立早報》副刊連載。另外，我也曾經在東京爲黃昭堂做了口述歷史的採訪，以吳康威的筆名整理成「我的六〇年代——旅日台籍學者黃昭堂回憶錄」，發表在《自立早報》的副刊（連載期間一九八九年九月十三日到九月十八日）。當時之所以會想要將若林的「廈門通信」翻譯成中文發表，一方面當然有上述劉克襄主編副刊的背景，一方面也是想要透過若林的這個廈門經驗了解中國和中國的台灣研究情況。

若林是在一九八三年五月至八月的三個月間，到廈門大學的台灣研究所[1]去訪問的。一九七八年中國開放以後，日本的中國研究學者終於可以親自到自己研究的地方去實地看看。在此之前，日本的中國研究者，尤其是中國史研究者雖然有很深刻的研

1. 廈門大學台灣所（今為「台灣研究院」），成立於一九八〇年七月九日，是中國最早公開成立的台灣研究學術機構。

究，但只是透過文字史料來做中國史研究，當中國開放以後他們都迫不及待地想要去中國看看自己研究的地方。我的東京大學東洋史學科同學上田信[2]就在一九八〇年代初期去了復旦大學兩年，而且到中國各地去遊歷了一番，卽使到了一九八〇年代中期，我的同班同學菊池秀明研究太平天國，也特別到太平天國的起源地廣西去留學。我的老師小島晉治的學生多到中國去親身走走看看，甚至還糾集大家編刊了一個同仁雜誌《老百姓の世界》來刊登大家的中國觀察紀遊呢。若林就是在這樣的時代背景到廈門大學去的。

廈門大學台灣研究所應該是當時中國唯一的台灣研究學術機關，因此若林就選擇到這個研究所看看。若林結束廈門訪問回到日本後，將他的「廈門通信」刊登在《アジア經濟旬報》第一二九四號至第一二九六號（一九八四年五月）[3]。因爲這是第一次我們認識的人到廈門大學台灣研究所去，我們也想藉此了解中國方面的台灣研究情形，因此就情商若林讓我們將他的這個「廈門通信」翻譯成中文刊出。結果，就這樣，我將它翻譯成中文，登載在《自立早報》的副刊（一九八八年三月十日至五月二十三日）。記得第一天刊出時，除了我寫了一篇〈寫在「廈門通信」刊出之前〉，簡單地說明事情原委並對若林稍作介紹之外，副刊主編劉克襄也寫了一段編者按語。

劉克襄的編者按語是這樣說的：「廈門，一個彷彿熟稔而又遙遠的地方；但對住在台灣的人與台灣歷史而言，我們卻不應該陌生。……自從李永得、徐璐訪問大陸後，廈門再度變成我們的焦點，因爲大陸研究台灣的重鎮——廈門『台灣研究所』就坐落在我們的對岸。『台灣研究所』到底是一個什麼樣的地方，大陸學者如何研究台灣？這個神秘的謎底一直未能爲外人所知。一九八三年五月至八月，日本研究台灣的歷史學者若林正丈曾在此羈居三個月，撰寫系列『廈門通信』。這是目前有關廈門『台灣研究所』最深入的報導。經由他本人的應允，我們特別邀請在日本攻讀博士的歷史學者吳密察先生翻譯此文，在本刊陸續發表，揭開它的神秘面紗！」當天的副刊也用三句口號爲這個連載揭開序幕：「揭開大陸『台灣研究所』的面紗！一本關於現代台灣的大陸行觀察！一部透視大陸研究台灣史的報導！」可謂極盡宣傳之能事。不過，從中也可以看出當時台灣亟欲了解中國之台灣研究的時代氣氛。

2. 當代日本學者的經歷與著作等，都可以在日本「科學技術振興機構」網站 https://researchmap.jp/ 上看到。
3. 後來又收錄於若林正丈《海峽——台灣政治への視角》（東京：研文出版，一九八五年）

「廈門通信」連載完結之後，十月四日起《自立早報》副刊又推出我與若林的對談「台灣對話錄」（連載至十二月六日）。關於這個對談，主編的卷頭按語：

……「廈門通信」連載時，曾獲得關心台灣研究的讀者矚目。時過境遷，當前海峽對岸的台灣研究已有大幅度的發展與變化，本刊特別策劃「台灣對話錄」系列專題，邀請吳密察、若林正丈二位專研台灣史的青年學者，再進行更深入、具體的對談，一以彌補「廈門通信」未及深入的議題，二則針對現時台灣與中國兩地社會的實質差異，提出他們的見解，希望能對思考台灣之未來有所助益。

《台灣對話錄》就是將已經在《自立早報》副刊上連載過的「廈門通信」、「台灣對話錄」彙集在一起成書的，於一九八九年三月由自立報系出版公司出版。

從以上的說明就可以了解當初翻譯介紹「廈門通信」及進一步推出「台灣對話錄」的緣由。但是當時稱我們兩位是「青年學者」，如今我們兩位則都已經是即將退休的「資深學者」了。畢竟已經過了三十年了，不但我們兩位年歲增長了，台灣、中國在政治、經濟、國際關係上也都有了極大的變化，即使台灣研究也有了極大的成長。因此，顯然這本書已經遠遠地趕不上時代、落伍了。我想這也就是隆志幾個人提議在三十年後再來對話一次的原因吧。

三十年來台灣史研究的很多軟、硬體都改變非常大了。這三十年間，史料的開發也好、研究人數的增加也好，都有很大的發展，而且台灣史研究已經在學院裡面有了建制性的位置，這在當年都是難以想像的。在日本方面，「日本台灣學會」[4]的成立，也已經迎來二十週年了，這是一件不得了的事情啊！在台灣，或許我們不會認識到它的意義，但是在國外要有一個可以整合、集結全國的相關研究者形成一個學會，而且能夠持續定期順暢的運作，甚至還發刊學會誌，這在外國來說是很不簡單的事。到目前為止，大概也只有日本才有可能。所以雖然目前日本之台灣研究的教育、研究體制還沒有完全建立起來，但做為一個學會，「日本台灣學會」已經站穩腳步了，用日本話來說，台灣研究已經獲得市民權了。所以，三十年後的今天，再來個對談也是應該的吧！

4. 「日本台灣學會」成立於一九九八年五月三十日，創會理事長為若林正丈教授。該會成立之目的，乃是想要擺脫過去台灣研究做為中國研究之下、僅為地方研究的地位，而是正視台灣的發展及其與「中國主流社會」的脫節，將台灣視為可供作「跨學科的」(interdisciplinary)「區域研究」(area studies)的對象。

若林：

首先，說一下進入這個會談場地之前沒想到的一個感觸：《台灣對話錄》今年已經三十年了，很幸運的我還活著，這個意思是說這三十年裡一起走來的台灣朋友當中，有些人過世了，我可以在這裡跟吳老師一起再談談《台灣對話錄》之後的三十年，實在是非常幸運的事情。我沒進到這個場地之前還沒想到這件事，坐下來後才突然想起來。

對我而言，這三十年我跟吳密察還是不一樣。一九八〇年初次認識的時候彼此都在歷史研究裡面，到了舊版《台灣對話錄》（一九八九）的時候，我已經算是台灣史研究的逃兵了，我並沒有把自己的主要力量放在歷史研究裡面，而是放在當代台灣政治的研究。相對的，他一直留在歷史研究的領域，而我走來走去，最近想要回來，也很辛苦。所以第一個我非常想要了解，吳密察是如何回顧這三十年走過來的過程？我覺得他的三十年應該是繼續守護著台灣史研究這個崗位，所以我很想了解他怎麼看這三十年？

因爲我的三十年跟他的三十年是不一樣的，所以我無法從台灣史研究的觀點去談，沒有辦法，也有沒有資格。所以廣義的來說是從日本的台灣研究這個角度去回顧，或者是互相評論，我今天的位置大概是在這裡。

2. 基礎史料的開放過程：台大、台灣分館、文獻會與國外公藏檔案

吳：

應該先談一下這三十年間研究條件，尤其是基礎條件之一的史料問題。

我是一九八四到一九八九年間到日本留學的。留學期間，台灣內部的變化很大，政治運動、社會運動都已經蓬勃起來了。新一代的年輕人之間也有一股想要了解台灣史的風潮。我回來的時候，馬上就跟這些年輕的學生接上了。隆志就是這些年輕學生當中的一個主要人物，夏如應該是這群學生當中年紀較小的，他們那時候成立了一個學生社團「台灣研究社（簡稱台研社）」，台研社除了大家讀些台灣史的書、討論台灣史、請人來演講台灣史之外，他們還主動去台大的幾個有日本時代藏書的圖書室，例如法學院、農經系、人類學系去整理日文藏書，製作目錄。這些台大各學院、各系圖書室的日本時代藏書之整理工作，非常重要。結果，這些工作是學生社團做出來的！

從史料條件來看，台灣總督府圖書館、台北帝大圖書館的藏書很重要。這兩個圖書館之藏書是否整理出來、是否提供使用，就會決定日本時代台灣史研究的可能性。雖然在一九五八年，台灣總督府圖書館的藏書就已經因爲劉金狗先生的努力，編印出了書本式目錄（《台灣文獻資料目錄》）[5]，但因爲採閉架式管理，因此只能塡借書單一本一本地借出來看，非常不方便。我大學時代曾經在王詩琅先生的介紹下，得以進中央圖書館台灣分館的書庫瀏覽書架，當時眞是有「深入寶山」之感。（希望沒有「空手而回」！）一九七八、七九年左右，台灣分館終於將該館一部份日本時代的藏書拿出來擺在二樓的一個專門房間變成開架。開架圖書館對於研究者來說，眞是太重要了！一九八〇年代前期的研究者，最綿密地使用台灣分館的應該是近藤正己[6]、吳文星[7]，因此他們的學位論文之史料來源，主要就是這個圖書館的藏書。據我所知，一九九六年費德廉（Douglas Fix）[8]曾經休假來台灣一年，也用了很多時間瀏覽台灣分館的這個日本時代台灣資料開架專區。

至於台北帝大的藏書的整理與利用，則是上述台研社的學生主動展開來的。我回國之後，一方面是因爲開台灣近代史的課，一方面也因台大在新建圖書館落成之後將各系、院圖書室集中的政策，因此我也推動台大圖書館裡的日本時代藏書的整理、編目工作。首先是整理歷史系第二研究室的藏書。歷史系第二研究室原來是楊雲萍老師使用的，裡面除了兩張桌子之外就全是書櫃，書櫃放的全是日本時代的書。這種研究室幾乎就是一個書庫，很像我留學時代東大日本史老師的研究室（因此，老師幾乎不進研究室，或只在研究室擺一張小桌子短暫休息之用，而將研究室當成書庫）。楊雲萍老師開研究所的課時，就是他坐在他的桌子，一到兩個修課的研究生共用一個桌子。

第二研究室藏書，應該是我回國後第二年整理的。以前，楊雲萍老師使用的時候，

5. 此目錄又於一九八〇年擴充為「國立中央圖書館台灣分館日文台灣資料目錄」。

6. 近藤正己於一九七六年來台大歷史系留學，一九八二年回日本進入筑波大學博士班，於一九九〇年獲得博士學位，一九九六年博士論文出版為《總力戰と台灣》（東京：刀水書房，一九九六年）。

7. 吳文星於一九八二年獲得師範大學歷史研究所碩士，碩士論文出版為《日據時期台灣師範教育之研究》（師範大學歷史研究所，一九八三年）；一九八八年的博士論文出版為《日據時期台灣社會領導階層之研究》（台北：正中書局，一九九二年）。

8. 費德廉，美國加州大學柏克萊分校博士，現為美國里德學院（Reed College）歷史系教授。研究領域為台灣歷史，尤其是十九世紀後期西方人在台灣書寫的紀錄，曾參與編譯《李仙得台灣紀行》、《看見十九世紀台灣：十四個西方旅行者的福爾摩沙故事》等書。

第二研究室雖然有那麼多書，但幾乎沒有人知道裡面有哪些書（雖然研究室裡面有卡片櫃，但一般人是不能進研究室的，只有徵得老師的同意才能進去查卡片，然後請系辦公室打開書櫃看書，也不能將書借回家。我後來到日本留學時發現東大的某些研究室也有類似的情況。這若林先生應該不陌生）。以前楊老師在的時候，沒有人敢進去整理。我記得我們把第二研究室整理出來之後，曾經在現在的小福利社郵局的樓上開了一次發表會，張谷銘當時雖然是化學系的，也參加了整理工作。發表會的日子就是配合他的入伍日期，訂在他入伍的前一天。當年參與整理的同學當中最小的一個應該是張詩薇，張詩薇進台大一年級就被台研社的學長姐們帶著整理第二研究室。當然，張詩薇也做了報告。我記得我們把楊老師也邀請來聽我們的報告，結果張詩薇報告之後楊老師當場罵人，他說：「爲什麼可以整理這個研究室裡面的東西？研究室的東西如果丟了怎麼辦？」幾乎把張詩薇給罵哭了。

第二研究室的藏書對於現在我們研究日本時代的歷史來說，相當重要。第二研究室的藏書絕大部分都蓋有「齋藤悌亮寄贈」的章。齋藤悌亮是一九三七年台北帝國大學史學科的畢業生，曾經任職於一九三七年成立的台南市歷史館，後來在基隆中學擔任教師。可能因為這樣的關係，他後來捐出來的這些書絕大部分都是當時的政府出版品，而且有不少是地方政府（甚至街庄層級）出版的小冊子。這種基層政府的出版品、小冊子，一般圖書館尤其是大學圖書館是不太會收藏的，但對於我們現在研究日本時代歷史卻非常重要，否則我們便無法研究基層的具體情況。這些有關台灣的書，據說是戰後短期留用的史學科之桑田六郎教授刻意將它們集中在歷史系的研究室的。日本時代台北帝國大學採「講座制」，每個講座有相對的獨立性，即使圖書資料也各自保存、管理。因此，史學科的「日本史講座」、「東洋史講座」、「南洋史講座」、「土俗人種學講座」各有自己的研究室、藏書、資料（或標本）。戰後，似乎因為歷史系已經沒有專門擔當日本史的老師，因此「日本史講座」的藏書很早便搬移至文學院圖書館或總圖書館，其他的「土俗人種學講座」的圖書、資料及標本就進了以後的考古人類學系，甚至有一些美術、碑拓也進了該系的圖錄室。至於「東洋史講座」、「南洋史講座」及部分西洋史的圖書則留在歷史系。據說一直到一九六〇年代歷史系都還有「南洋史」、「西洋史」的藏書研究室（據說，擺置這些藏書的研究室就是現在的歷史系辦公室，也就是我讀書時代的文學院二十四號教室。傅樂成老師、徐先堯老師當助教的時候，就在這個研究室中，另外還有一個專門管理這些藏書的呂碧霞小姐。我也曾經看過刻鋼板的藏書目錄。據說許倬雲先生擔任系主任的時候因爲老師的研究室不足，這些專室的藏書才被搬移出去）。除了上述藏書之外。一直到我當助教的時候，第二研究室（楊雲萍老師使用）、第三研究室（據說以前是姚從吾老師，一九七〇年代是王德毅老師使用）還放置不少圖書。依此來推測，第三研究室所擺置的應該是帝大時期的「東洋史講座」的藏書。第二研究室所擺置的，則如上述，以齋藤悌亮所捐贈的日本時代台灣相關官書、小冊子爲主。

其實，台大各圖書館所藏的台灣史相關圖書的整理，起源於我尚未出國留學之前。一九八四年，我建議當時的歷史系主任蔣孝瑀老師與當時的總圖書館陳興夏館長簽訂了一個合作計畫，企圖將台大各圖書典藏單位的台灣相關日文圖書做一次總匯整，因此圖書館從那時候起已經逐漸在整理戰後一直未積極整理的台灣相關日文圖書。我留學回來之後整理了第二研究室的藏書，再加上台研社所整理的農經系、人類學系、法學院（戰前爲台北高等商業學校）的藏書[9]，台大所典藏的日本時代圖書、資料全貌，已經大致浮現了出來。於是以這些爲基礎而有了一九九二年六月的那一部目錄《台灣大學舊藏日文台灣資料目錄》。研究日本時代的圖書資料，在台灣最重要的典藏機構是中央圖書館台灣分館和台灣大學，如今這兩個典藏機構的藏書都已經可以掌握了（至於日本的全國性目錄，則是一九七三年アジア經濟研究所出版的《旧植民地関係機関刊行物総合目録：台湾編》）。有了這些目錄，我們便大概可以知道有哪些圖書資料可用。這已經到一九九〇年代，大概是一九九三年左右了。我覺得這很重要，如果沒有這些，其實台灣近代史研究很難上軌道。

那麼，接下來的一波是什麼呢？我認爲最重要的是總督府檔案可以提供研究使用。總督府檔案大概是在一九九〇年代中期可以提供使用的。所以，我一九九〇年代指導碩士班學生時就要求不能只用已經出版的書籍、期刊，而必須使用總督府檔案了。記得當年使用得比較綿密的是楊永彬、張旭宜的碩士論文，接著就是李文良的博士論文也用了很多總督府檔案。

至於清代的研究，長期以來我們用的都是台灣銀行經濟研究室的《台灣文獻叢刊》。一九七〇年代台北故宮的宮中檔、軍機檔也整理出來提供使用，因此史料的數量增加

9. 《國立台灣大學農業經濟學系圖書館日文台灣資料目錄》（一九八八年）、《國立台灣大學人類學系圖書館日文台灣資料目錄》（一九八九年）、《國立台灣大學法學院舊藏日文台灣資料目錄》（一九九二年）。

了很多。許雪姬的博士論文應該是第一批使用故宮檔案的。以後，聯合報國學文獻館一九九三年也編輯出版了一套清代檔案《台灣研究資料彙編》四十冊。但此時使用的清代檔案是台北故宮的宮中檔、軍機處檔，中國第一歷史檔案所藏的清宮檔案還不能用，只有廈門大學台灣研究所編輯出版的幾冊史料集。[10]

一九九〇年代中期，我開始整理出版《淡新檔案》（一九九五—二〇一〇）。一九九七年因爲台大資工系朋友的引介認識到了新時代的數位科技，結果我又投入以數位概念與技術整理史料的工作。二〇〇〇年以後，因爲有數位典藏計畫的經費資助，開始建置「台灣歷史數位圖書館」（THDL, Taiwan History Digital Library）[11]。這個THDL收錄的清代台灣史料高達七五〇〇萬字，可以說已經將目前可以得到的中文史料大部分都收錄進去了。一九七〇年我們進入台灣史研究領域時，我們可以使用的清代史料，也大致只是《台灣文獻叢刊》的近五千萬字而已。所以說，即使是清代中文史料都有很高幅度的成長。[12]

我去日本留學之前，台灣各圖書、史料的典藏機構，不論在整理，或是公開提供使用上，都不見得上軌道。這些圖書、檔案經常是處於未整理狀態，即使整理了外部的人在使用上也不一定方便，甚至還得靠關係才能使用。我從日本回來之後，便認爲典藏機構，即使不能全面地開放而必須有閱覽限制，也應該有一定的閱覽規則，讓所有的人都可以依照閱覽規則平等地使用。至於整理，我則願意多少投入心力、時間幫忙。現在台灣各典藏機構的圖書、史料整理，甚至是提供使用，顯然已經上軌道許多了。我想這也是台灣自由化、民主化的一個側面吧。

10. 如《康熙統一台灣檔案史料選輯》（一九八三年）、《鄭成功檔案史料選輯》（一九八五年）、《鄭成功滿文檔案史料選譯》（一九八七年）。

11. 「台灣歷史數位圖書館」（http://thdl.ntu.edu.tw）為集合台灣史一手史料之資料庫，提供全文檢索、詮釋資料（metadata）檢索等功能。本資料庫目前包含「淡新檔案」、「明清台灣行政檔案」與「古契書」三文獻集，全文資料逾十萬筆。

12. 行政院文建會自二〇〇二年起推動台灣史料建置計畫，委請各大學史學、文學教授蒐集台灣史料，並對其進行整理、校訂、標註，出版一九五冊《台灣史料集成》。內容包括：《明清台灣檔案彙編》第一輯 一—八冊（二〇〇四年）、第二輯 九—三十冊（二〇〇六年）、第三輯 三一—六十冊（二〇〇七年）、第四輯 六一—八五冊（二〇〇八年）、第五輯 八六—一一〇 冊（二〇〇九年）；《清代台灣關係諭旨檔案彙編》共九冊（二〇〇四年）；《清代台灣方志彙刊》第一—一二冊（二〇〇五年）、第一三—三四冊（二〇〇七年）、第三五—四一冊（二〇一一年）；《台灣總督府檔案抄錄契約文書》第一輯 一—十冊（二〇〇五年）、第二輯 十一—三五冊（二〇〇七年）。

這樣的圖書、史料整理過程中也有一些意外的收穫。例如，整理台北帝大各講座、各學部的圖書、資料的過程當中也逐漸瞭解了台北帝大的組織與學問性質。所以才會有以這些參與工作的同學爲基礎，出刊了那個同仁刊物《台北帝大研究通訊》。不過，後來因爲這些學生們畢業、另有研究課題，這個刊物也就無疾而終了。否則，我倒是對於農業經濟學講座和奧田彧教授[13]很有興趣。

除了整理台灣內部的收藏，推動公開之外，我也想要調查海外的台灣相關史料。這直接是受到伊藤隆老師和東京大學史料編纂所的啓發。我從伊藤隆老師處學習到了做研究要「全面佔領史料」（伊藤老師語）和史料應該公開給大家使用的態度。史料編纂所則讓我見識到了日本的史料學和實證史學的深奧之處，尤其是自從二十世紀初年以來持續百年幾無間斷地在海外調查、收集日本史相關史料，也令人佩服。[14]一九九〇到九三年，蔣經國基金會支持我們進行了一個調查海內外史料的計畫，這個計畫除了對國內之淡新檔案、故宮檔案做了目錄之外，還把美國、荷蘭、日本這些國家的公藏檔案做了調查目錄。但是因爲計畫時間不是很充裕，因此沒有將英國納入。美國方面，則是找了費德廉幫忙。但是因爲美國的檔案太龐大了，所以費德廉集中於調查太平洋戰爭時期的檔案。[15] 我自己則是將留學時代就已經開始調查的日本中央政府的總理府檔案（藏國立公文書館）、外務省檔案（藏外交史料館）及一部分軍部文書（藏防衛研究所）的目錄整理出版。這在當年是一件很吃力的工作，但是一九九〇年代晚期以後隨著網路時代的來臨，跨國的資料、檔案檢索，甚至網路上的檔案公開，讓我們當年所做的這些工作已經不是很重要了。這不能不驚嘆這一波的網路數位科技帶來的難以估測的助力與影響。

當然，史料的整理、公開，固然有研究者的努力，但也不能不說它也是整個時代、

13. 奧田彧，日本愛知縣人，一九一七年東北帝大農學部畢業。一九一九年任北海道帝大助教授，後留學英、德、美等國研究農業經濟學。一九二七年自岐阜高農轉任台灣總督府高等農業學校教授，翌年升任台北帝大教授，並兼任台北帝大附屬農專教授、理農學部附屬農場長、總督府技師等。一九四三年台北帝大理農學部分設理學部、農學部，於一九四五年接替三宅捷擔任農學部長。

14. 史料編纂所自一九一〇年代以來，持續在海外調查蒐集日本史的相關史料，與台北帝大直接有關的村上直次郎、岩生成一都是這個海外史料調查工作的重要人物。截至一九八〇年代，其調查成果的目錄編輯出版為十五冊 *Historical Documents Relating to Japan in Foreign Countries*，其中第一冊至第五冊就有十七世紀荷蘭東印度公司的檔案目錄。

15. 這個計畫的結果，出版了《台灣史檔案・文書目錄》共十三冊（一九九七年）。

社會的反映，和各種相關人等的投入協作。如上所述，這樣的史料整理、公開，當然有台灣內部民主化、自由化、本土化的時代背景和國際化、數位科技等外部因素。而且，研究者之間也多相互支援、協作，至少直接幫助過我的史料整理相關工作的，就有曹永和老師、江樹生先生、包樂史（Leonard Blussé）先生[16]、黃富三先生、高志彬先生、費德廉先生、許雪姬小姐、劉錚雲先生，還有鍾淑敏也曾經在東京幫我抄錄公文類纂、公文錄的目錄。甚至上面說過的學生們、台大圖書館裡則有夏麗月、曾靖媛等幾個人長期投入。當然我只學了一些我參與的史料整理工作，其他還有很多人、很多機關都投入這樣的工作。

另外，整個世界的技術也正在快速改變。這當然就要數網路科技最重要了。以前我們只能在圖書館、檔案館中查目錄卡，也必須實際將實體的圖書、檔案借調出來閱讀，但是現在全世界都在將目錄上網，甚至也有不少圖書、檔案的內容也已經數位化上網了，所以我們在網路上很簡單就可以很快地找到以前甚至要花上幾年的時間、很多的經費（至少跨國機票就不得了！）都不見得可以找得到的龐大史料。我們現在可以掌握的史料之數量，清代的也好、荷蘭時代的也好、日本時代的也好，較諸三十年前都有飛躍性的成長，而且使用的便利性也真有隔世之感。以前我的第一波學生修「日據時期台灣史料」，每個禮拜爲了做我指定的作業，至少要泡在圖書館整整一天，因此被稱爲魔鬼課。現在的話，或許利用網路兩三下就可以做完那些作業了。

網路發達以前，不只要查書目，進書庫、上書架去找書，有時還要看微卷。甚至有些書還沒有編目，自己還要到書庫角落沒有整理的書堆裡面去翻找。現在不必了，不但都已經編目、目錄上網，甚至連內容都建置成了資料庫，大家只要坐在家裡的電腦前很多事情就搞定了。有朋友說我做這麼多史料整理工作，把學生都寵壞了。這是因爲網路資源的方便，讓傳統要學生在史料工作上蹲馬步、做基礎功的訓練被省略掉了。不過，或許能夠效率地、精準地、全面地在網路世界找研究資料，可以說已經成爲新時代的基礎訓練了。但是，我倒認爲既然做研究的過程，已經從搜尋史料這種基礎工作中大幅度地解放出來，那麼我們也應該要將研究工作中著力的重點改而放到不同的方面，例如討論問題方面上去吧！

16. 包樂史，荷蘭歷史學家、漢學家，出生於鹿特丹，萊頓大學漢學博士，曾赴台灣、日本進修。一九七七年起在萊頓大學歷史系任教，現為該校榮譽教授。主要研究領域為東南亞史、東亞史、海外華僑史、印尼華人史、華僑貿易史及全球史。

若林：

我大概進入一九八〇年代就不再到台灣找史料了，開始轉向當代政治研究，所以只知道到圖書館看史料需要靠關係，這個情況我當時就有所了解。只是旁觀，但不知道具體過程到底是怎麼回事，後來情況已經改善了才知道原來情形是這樣。所以吳密察在努力做這些事情的時候，我都在剪報（笑），當時我在東大訂閱的是《中國時報》。或者是看黨外雜誌什麼的，那個年代我大概都在做這些事……

吳：

沒錯，若林先生訪問廈門回來之後，大概在「廈門通信」刊出之際，他的研究關心就轉變成了台灣當代民主化的問題了。所以剛才我說的歷史性材料（史料），已經不是若林先生的研究材料了，他的研究材料與其說是這些歷史性的材料，倒不如說他是非常綿密地來台灣進行實地觀察（或許可以說是「田野調查」）。從廈門回來之後，他的研究方向往當代台灣政治，尤其是台灣的民主轉型轉變。他再回頭來做歷史研究是最近的事了。

3. 史料開放後的歷史解釋問題

吳：

照理說這三十年來既然在史料上有這麼大的進展，應該會有不少台灣史常識要被顛覆才對，但實際上卻是很多台灣史認識還停留在以前的樣子。

前年，台師大台史所要我去兼課，我故意開了一門「十八世紀台灣史」。我一向認爲既然是講歷史，就不能不隨時將時間擺進來思考，所以應該講得出類似「台灣史在十七世紀、十八世紀、十九世紀各是如何地展開、各有何特色？」這樣的問題。向來，我們卽使在大學歷史系開的台灣史課，對於台灣史的敍述多採荷西時代、鄭氏時代、清朝時代、日本時代這種區分，但是對於各時代內的時間變化，就不甚在意了。因此，我們似乎講不太清楚台灣歷史在十八世紀和十九世紀上半葉各有什麼不同的展開（十九世紀則因爲有「西力東漸」、開港問題，而在後半葉另有明顯的突出）。我們現在一般的十八世紀台灣史認識最主要的是偸渡和械鬥。但它們經常只是被當成結構來講述，並沒有將它們放在具體的時間脈絡上來說明，所以可以說還留在印象式的理解。其實，文獻上看到的械鬥要到十八世紀中葉以後才湧現，而且一直延伸到林爽文之亂。我曾經向學生提過這樣的問題：「如果要舉出清代台灣史上的三、五個大人物，會舉出哪些人呢？」結果，大家舉出來的都是像鄭用錫、林文察、林占梅、林維源這種十九世紀的人物，至於十八世紀的「大人物」則講不出一個來。（或許是不曾有過這樣的發問！）

類似這種很基本（我想應該也是歷史研究裡自然要想到）的問題，還有不少。例如，我們既然有那麼多的史料，但是這些史料的性質又是如何呢？晚近增加的清代史料絕大部分是清帝國的中央檔案，但這些清宮檔案與我們以前以地方志、官員筆記爲主的史料，顯然有很大的不同。清宮檔案是在一套奏折制度之下產生的，而可以向皇帝奏事的僅限於高等官僚，有資格提出奏折的在台官員屈指可數，因此從數量上就會有偏頗，何況哪些是奏報的主要重點，也決定了這些數量龐大之史料的內容。歷史研究總要隨時注意史料的性質。

如果說清宮檔案所呈現的是「北京皇帝的台灣史」，那麼讓我們再來看「台灣當地人的台灣史」到底在哪裡呢？我曾經在「台灣歷史資料」的課堂給學生一個作業：

「一八九五年以前的台灣人（暫時定義爲：持續在台灣居住十年以上者），寫下文字作品並刊刻發行者有多少？」結果答案是大約只有五部而已！如何解讀這個現象呢？原來清代台灣卽使有當地人做了一些書寫，但卻不見得刊刻發行。如果考慮文字是否刊刻流傳，就會接下來還有一連串可以問下去的問題。如果這樣思考下來，就會知道清代台灣社會所流傳的台灣歷史相關資料，可能只會是官府編纂、刊刻的地方志和少數官員的筆記、文集。伊能嘉矩的藏書、一九二〇年代總督府史料編纂委員會的蒐集、一九五〇—七〇年代台灣銀行編輯發行的《台灣文獻叢刊》都提供了我們理解這個問題的線索。

史料的擴充不但是數量的問題，也應該注意到增加的史料之性質。

我曾經給學生出過一個題目：如果說《台灣文獻叢刊》提供了清代台灣史的主要史料，那麼你們去看看那裡面有多少是台灣人寫的？我們先定義什麼叫台灣人，假設就是在台灣持續住十年的人，因爲要先排除那種來當了幾年官就回去的那種人。好，連續住在台灣十年，他寫了東西，並且在一八九五年以前刊刻出版的有幾種呢？對不起，大概就只有五種。這樣看起來台灣人自己沒有留下太多的文獻資料。也就是因爲這樣，我們很難講得出清代台灣人的歷史。現在增加的還多是台北的故宮跟北京第一歷史檔案館的清宮檔案，這讓我們看到了清帝國怎麼治理台灣，但要眞正寫出台灣人的歷史還要很多的努力才行。現在比較深入利用這些史料的是李文良，他的研究幫我們改變了不少淸代台灣史的知識。史料的擴張會讓很多我們傳統的、根據方志的、根據《台灣文獻叢刊》而得到的歷史常識被翻轉過來。比如日本時代因爲可以運用檔案，所以很多認識就可以重新來過，完全重新來過。

我最近研究關於土地調查與所謂的「官有地払い下げ」（國有土地釋出私有化）的情況來看，台灣的地方頭人幾乎多多少少都得到總督府釋出的土地利益。如果這些人都得到總督府的利益的話，你叫他能有多大的正面抗日呢？那是不太可能的。我們讀書的時候，日本時代能用的、最常用的就是剛才夏如說的政治史、抗日運動史的史料及著作，這是因爲七〇年代復刻出版了《台灣青年》、《台灣民報》、《台灣新文學叢刊》這些看起來好像台灣人有一點抗日性質的史料。但如果你看另外一些材料，就會知道其實抗日的力道不是挺大。更何況，如果你把台灣與同時代的其他殖民地做比較，就會知道台灣的反抗是相當委婉、溫和的。我在成大就會碰到一個越南來的留學生，她就說：「我來留學五年了，每一個老師都說你們台灣抗日，但是我一直覺得你們並不抗日。」我說：「太好了，你跟同學們說說你們越南怎麼抗法？」她說：「我們兩、三年就打一次仗啊！」也就是說以前我們只在台灣的範圍裡面談問題，但如果與同時代的其他殖民地比較，就會知道我們的抗日，有，但是相當溫和、委婉。並不是說委婉就不好，我的意思是說，我們必須有一個跨時代或是跨地域的比較，才好下一些形容詞，要不然我們很多形容詞其實是下得有點怪。而且，接下來我們還必須解釋爲何會是這樣（抵抗的力度不大）。

若林：

剛剛提到十八世紀的問題，從狹義的歷史學觀點來看，的確如吳老師所言，有那些問題存在。但是如果你跳開這種技術性的問題，宏觀地回顧台灣史的十八世紀，了解十八世紀的重要性應該不是很困難吧？台灣漢人社會在當時建立起來此一事實，要了解這一點，或許並不需要看那麼多東西？

吳：

沒錯。如果要概括性地來談，其實不必要利用太多史料，而且也有相當多的外國事例可以來說明類似台灣這種移殖地社會。但是相較於外國的事例，台灣的事例還是談得不夠精緻。我一直認爲台灣史研究一直沒有正面地面對「台灣（移殖）社會」是經過如何的過程形成的這個問題。或許，台灣史學界將它當成是社會科學的課題，但是這樣台灣史學界就會太狹隘了，台灣史學界總不能將自己局限於史料裡面而已。中國東南沿海地區的人口，在十六、十七世紀以後移民台灣，並不會就立刻自然形成社會的，研究者必須能夠說明經過如何的過程、形成如何的社會（何況，我們已經在「社會」之前加上了一個限定性的詞「移殖」）。

最近很多研究者使用了「地域社會」這樣的詞。在這樣的情況下，「地域」就成了限定性的形容詞了。那麼「地域」是什麼呢？當然，我們可以了解因爲研究的細分化、史料數量之豐富也足以支撐，因此就讓研究者可以一個空間上較小的範圍做具體研究。但是這時候的空間範圍如何劃定，就會是一個必須面對的問題，接著必須說明這是如何形成的、如何的社會。台灣史研究領域裡，較早使用「地域社會」這個詞的是施添福先生，因此我特別確認施添福先生所謂的「地域社會」其實是「地理性的社會」，他使用的英文是 geographical society。但是，其他的研究者是否也像施教授這樣明確地定義自己面對的課題是 geographical society 呢？我想未必見得。絕大部分研究者使用的是 local society。如果清楚區分 geographical society 和 local society，便會將問題講得更清楚。

我一向對東南亞有興趣，但以前只是從書本上理解，二〇〇〇年代中期以後實地到過東南亞後，我就一直鼓勵研究台灣史的學生一定要去東南亞走走看看。因爲十六、十七世紀中國東南沿海地區的人往外移民時，東南亞與台灣都是移民的目的地，本來就有可以相互比較的課題。但我更要強調的是：到了東南亞才能眞正看到華人在移植地如何地形成不同的移民社會。也就是說，台灣一般所說的「漢人移民社會」是可能有不同面貌的（當然，也一定會有一些相同的內容），我們有必要清楚我們所說的「移民社會」是什麼？並且還要說明爲何形成了這樣、那樣的不同之「移民社會」。了解東南亞地區的各種華人社會，便會發現這些華人社會有各種分析、解釋的可能性。這些華人有不同的移出地、不同的移出年代、不同的定居地、不同的職業別、不同的文字化程度，也因此讓他們形成了各種不同的「華人移民社會」。他們在認同上也有各種不同的層次，在一些層次上他們有共同的認同，彼此之間沒有隔閡，但在某些層面上的認同則又是壁壘分明。我還不知道爲何台灣的「漢人移民社會」爲何沒有像東南亞那樣呈現五彩繽紛的樣貌，或許是因爲十七世紀至十九世紀台灣實際上被納入清帝國的版圖，到了日本時代又相當程度的被碾平了的關係吧。卽使如此，我也認爲我們不能跳過「漢人移民社會」這個重要的問題。更何況我們提出在空間上比台灣整體（若林先生經常會用一個日文「台灣大」（Taiwan-size）來表示）還要小的 local society 之問題，當然要說明這些一個個具體的 local society 到底是如何？

作爲區域研究的「台灣研究」

日本人為何／如何研究台灣

1.日本台灣學會成立的意義

若林：

　這裡大概也牽涉到區別台灣史研究跟台灣研究的問題。就台灣史研究而言，做歷史研究的台灣學者最清楚，我三十年前就算離開了這個領域。而對於台灣之外的研究者而言，講到台灣研究，基本上算是一個area studies，是理解自己所屬社會以外的另外一個社會（或民族或國民）的學術研究分野。如果你說自己是做台灣研究的話，那麼這個台灣到底是什麼？（「台湾」とは何か？）是所有台灣研究者最應該回答，或者是暫時沒辦法回答但必須努力回答的問題。所以對於像我這樣在台灣之外做台灣研究的人，我不知道其他人的想法爲何，但對我而言，這樣的追問本身就是一個很大的課題。也就是說，地理上的「台灣」相對容易定義，但是地理台灣之外的「台灣」，到底在什麼時候、出現什麼樣的內容、以什麼樣的型態出現，都是一個很大的問題。這問題好像必須非常費神、費腦筋才可以回答。包含了一些哲學上的、理論上的、或者說必須具有做一種 meta-level 的思考（後設思考）才行。爲什麼你把這個「台灣」跟地理上的台灣視爲不一樣的存在？對我們這些不是台灣人但從事台灣研究的人而言，如何充分展示這種差異是必要的作業。只有完整思考這些面向的問題，我覺得作爲 area studies 的台灣研究才能眞正成立。但是目前在日本的情況也跟台灣差不多，很多人做很細的研究，但我在這裡提起的原理上的思考，還是一直很缺乏，我是這樣認爲的。

以日本台灣學會來講，學會是一個討論的 forum，也就是一個論壇的平台而已，我們能做到的就是，準備一個空間，每年提供一個時空、生產一本研究雜誌，那裡可以談台灣研究相關的事情，而且是用學術的方式來談，爲此我們儲備了一個討論的空間，但最關鍵的是談什麼？好像日本台灣學會都沒有人要主導怎麼樣的方向。當然學會本來就應該是這樣，這樣就可以了，而不是要把一個學會主導到一個特定方向去說我們該研究什麼題目。我覺得日本台灣學會目前的情況就只是一個 forum 而已。但是有兩三點應該注意到，在日本出現這種 forum 本身就有它的意義，政治意義、歷史意義、學術意義都有。然後爲什麼這個學會沒有辦法討論出一個心得，或一個理解台灣的 paradigm，則是另外一個問題。但是這個問題在我看來，所謂「一代人做一件事」，日本台灣學會是我們這一代從八〇年代開始研究台灣、捲動風氣的日本學者，在一九九〇年代的台灣研究熱潮裡面能夠做到的，大概是這個程度。

吳：

學術界能夠出現一個全國性的學會，本身就是一件不得了的事。這表示學術界認可台灣研究已經是一個學術領域（這應該就是若林所說的獲得「市民權」），而且投入於這個學術領域的人，已經達到相當的數量（我記得日本台灣學會成立之初，應該是八十餘人；目前應該有四百人左右了吧）。在如今學術研究已經是一種「制度」的時代，這是個非常重要的指標。但是這樣的學會也必須是柔性的聚合，也就是剛才若林說的，它應該是個 forum，也就是比較鬆散的集團。日本台灣學會的會員，大致來自幾個已經相對成熟的歷史學、文學、人類學、政治學、經濟學等學科（discipline）。

台灣學會的會員可能也是各該學科之學會的會員，但還願意因爲研究對象同樣是台灣而另外共同組成一個「台灣學會」，這表示他們還是認爲一個以研究對象台灣爲公分母的學術團體對於他們的研究是有意義的。

若林：

你在日本做中國研究、做韓國研究並不需要理由。不需要理由的意思是說，你不需要特地向社會說明我爲什麼需要研究這個，你在日本做中國研究沒有人說你做這個不需要，不可能會碰到這樣質疑的。所以對於台灣朋友來講可能覺得不滿意，不過我們在日本做台灣研究的人經常需要被迫問：「你到底爲什麼做這種研究？哪裡有意義？」當年的氛圍確實是這樣子。

台灣研究在日本學界比較有一個像樣的組織，大概是我開始在學術上關照台灣、除了照顧自己的研究之外，還需要照顧到整體學術社群 community 責任的時候。一九七〇年代已經有劉進慶、黃昭堂、涂照彥、許世楷那些出版博士論文的台灣研究者，可以說日本的台灣研究的學術性質能被承認，是靠著這些從台灣來的留學生所建立起來的。現在或許已經很難想像，但在那個時候，研究台灣是一種在日本學界會被認爲說你是反共學者，然後對於比較認眞在做中國研究的人來講，關心台灣就是一種「政治不正確」（politically incorrect）。當時眞的就是這樣的莫名其妙的學界氣氛。當然，那時候我還很年輕，不知道做台灣研究的危險性，雖然周圍很多人都知道（笑）。

不過，後來我慢慢覺得需要把台灣研究的學術性證明出來，也就是說，證明台灣研究跟其他區域研究是一樣的，是一個學術研究的正式分野。先證明這個，是我們這些設立日本台灣學會第一代的人的共同感覺。所以當我後來拿到了「サントリー学芸賞」這個日本學術獎項的時候，覺得非常欣慰，原因就是，我們的台灣研究終於也被認可了。後來陸陸續續，松田康博（『台湾における一党独裁体制の成立』）等其他學會成員也都拿到「アジア太平洋賞」「大平正芳太平洋賞」「樫山純三賞」等学術獎，以獲得學術獎的方式受到肯定，我覺得這證明了日本的台灣研究已經是個獨立的學術分野，這事情在日本已經可以做到了，大概是這樣。但如同我剛才提到的，從事台灣研究，的確你們做的台灣研究已經可以算是學術研究，但是你們台灣研究跟日本的知識界有什麼關聯？能提供什麼事情、新的東西？也就是說，你能否提供一個新的思考，超越台灣研究本身而能衝擊到日本知識界的，到底是什麼？我覺得我們還沒有辦法做到。換言之，我們還沒有解釋清楚從事台灣研究在社會科學或是學術研究上、思想上的意義到底是什麼？還沒完全交代清楚。當然我們私下偶爾會談到這件事情，但是好像還沒有人寫成一個有說服力的東西。

日本台灣學會會員得獎記錄

年份	得獎者	獎項與書名
一九九四年	若林正丈	「民主体制の誕生―台湾における政党政治の生成」
一九九七年	若林正丈	第八回大平正芳学術研究助成費 『台湾 分裂国家と民主化』（東京大学出版会）、『蒋経国と李登輝』（岩波書店） 一九九七年サントリー学芸賞（政治・経済部門）
二〇〇四年	何義麟	『二・二八事件―「台湾人」形成のエスノポリティクス』 （東京大学出版会） 第二十回大平正芳記念賞
二〇〇六年	松田康博	『台湾における一党独裁体制の成立』（慶応義塾出版会） 第二回樫山純三賞（樫山奨学財団）

二〇〇七年	佐藤幸人	『台湾ハイテク産業の生成と発展』 第十九回アジア太平洋賞特別賞（一般社団法人アジア調査会）
二〇〇八年	若林正丈	『台湾の政治　中華民国台湾化の戦後史』（東京大学出版会） 第二十回アジア太平洋賞大賞（一般社団法人アジア調査会）
二〇〇八年	若林正丈	『台湾の政治　中華民国台湾化の戦後史』（東京大学出版会） 第四回樫山純三賞
二〇一三年	川上桃子	『圧縮された産業発展―台湾ノートパソコン企業の成長メカニズム―』（名古屋大学出版会） 第二十九回大平正芳記念賞
二〇一三年	福田円	『中国外交と台湾―「一つの中国」原則の起源』（慶応義塾出版会） 第二十五回アジア太平洋賞特別賞（一般社団法人アジア調査会）

二〇一八年	家永眞幸	『国宝の政治史——「中国」の故宮とパンダ』（東京大学出版会） 第十三回樫山純三賞
二〇一九年	清水麗	『台湾外交の形成——日華断交と中華民国からの転換』（名古屋大学出版会） 第三十一回アジア太平洋賞特別賞（一般社団法人アジア調査会）
二〇二〇年	小笠原欣幸	『台湾総統選挙』（晃洋書房） 第三十二回アジア太平洋賞特別賞（一般社団法人アジア調査会）

吳：

這跟百餘年來學問的建制化問題有關。在日本研究台灣這件事有幾個層次：一個層次是比較本質性的問題，即「台湾とは何か（台灣是什麼?）」；另外一個層次則是比較實用主義的問題，類似「日本にとって台湾は何か（對日本而言，台灣是什

麼？）」。若林所說的，應該是至少必須向日本社會說明後面這個問題。日本台灣學會設立趣旨書的開頭就說：「近年台湾に生起しつつある目覚ましい変化に刺激され、昨今内外の学術界では台湾に関する関心が静かに高まりつつあります。（受到近年來台灣持續發生的激烈變化的啓發，晚近國內外學術界對台灣的興趣正悄然地在增加。）」就說明了這種學問與社會情勢之間的關係。

另外再舉個有關歷史學的例子來說明。日本自從導入西洋式的大學制度以來，就爲日本史、中國史提供了體制性的位置（戰前稱爲「講座」的一種編制），到了甲午戰爭之後也有了朝鮮史講座，但是關於東南亞（當時還沒有「東南亞」名稱）則要到一九二八年的台北帝大才在史學科設置「南洋史學講座」（這也是戰前唯一的）。也就是說，東南亞史成爲學術建制是正好有台北帝大這種包含著帝國政策意圖的殖民地大學才出現的。一九六〇年代，東京大學在東洋史學科設置東南亞史講座（當然，這時候所說的「講座」是隱性的）。東京大學之設立東南亞史講座，應該有政治、外交、經濟等現實因素，另一方面有其學問上的原因，例如既有的累積、學術潮流、優秀的研究者等。東大的東南亞史講座首任教授山本達郎（やまもとたつろう）是位優秀的學者。如果我們看日本之國立大學設置朝鮮史講座、南洋史講座、東南亞史講座的情況，便不難發現學術建制並不是純粹的學術問題，難免也會有其「政治性」。

以目前的東京大學文學部東洋史來說，中國史大致會有兩名教授，分別擔任古代史、近代史（至於古代、近代如何區隔，則是另外的問題）。另外，韓國史有一名教授、東南亞史也會有一個教授、印度史有一位教授、西亞史（或阿拉伯世界的歷史）有一位教授，這大概已經成爲定制（有時也會有一位北亞史的教授），不必有什麼理由就會持續下去。但要有一個台灣史教授則幾乎不可能。因爲那要有相當多的說服，至少會被質問：「對於日本來說，台灣史有什麼意義？」「爲何需要研究台灣史呢？」這樣的問題吧！

台灣的「能見度」增加的話，自然就相對容易可以回答上述那兩個問題。我留學的一九八〇年代，有不少人投入台灣研究。因爲那時候台灣、韓國、香港、新加坡被稱爲亞洲四小龍，經濟表現非常亮眼，因此研究國際經濟學、經濟發展的學者就不少人對台灣有興趣。我記得當時有一個有名的學者渡邊利夫（わたなべ としお），就研究過台灣。另外，一九九〇年代李登輝的民主化變革，也有很高的「能見度」，因此也吸引不少政治學者投入台灣研究。一九九〇年代出現一批研究台灣民主化的學者，跟當時李登輝的個人因素及李登輝的民主化改革，有很大的關係。例如，中嶋嶺雄、司馬遼太郎都應該起到了不小推波助瀾的作用。當然，眞要可以在日本讓台灣研究建制化，最大的力量應該是台灣的民族主義，畢竟民族主義還是近代最強的動員力量之一，而且諸多近代學科的成立與發展都與它有千絲萬縷的關係。也就是說，重要的不是人家爲什麼不研究我們，更重要的是我們有什麼值得使人家來研究的，亦卽我們提出了什麼問題？

如果我們回顧一下二十一世紀前夕台灣、日本兩方的政治、社會情勢，再來看日本的台灣研究的發展，就會比較淸楚其間的關聯。一九八七年七月，台灣解嚴。一九八八年一月，蔣經國逝世，副總統李登輝繼任總統。一九九〇年五月，李登輝經國民大會選舉當選總統後，積極推動民主化。一九九一年五月，廢止動員戡亂臨時條款，結束動員戡亂體制。民間方面，則有廢除刑法一百條的運動。一九九二年，終結「萬年國會」，立法委員全面定期改選。一九九四年，台灣省與直轄市台北市、高雄市首長選舉。一九九六年，總統直選。這一連串的台灣之自由化、民主化改革（若林會說台灣民主化的三階段：一九九二年「萬年國會」告終爲第一階段；第二階段是一九九四年台灣省、台北市、高雄市長選舉的實現；第三階段是一九九六年總統選舉的實現），讓台灣成爲東亞華人地區閃耀的聚焦點。這也就是剛才我說到的台灣自己發出的問題，造成了台灣的「能見度」。一九九〇年代的台灣民主化，當然使得日本的媒體必須報導台灣的新動向。但是當時除了《產經新聞》之外，日本的媒體並沒有專門派駐台灣的特派員，有特別的事時才由駐香港的特派員臨時飛來台灣採訪，所以一般日本大報都會在台灣找可以幫忙的人，那時候我也幫《讀賣新聞》一些忙。那一段期間，每當台灣有選舉若林就會來看選舉，有時還會有不少學者也跟著來。若林和新聞記者的選舉觀察報導和評論、分析，大大地提供日本社會對於台灣民主化的理解。當然，司馬遼太郎的《台灣紀行》也發揮了很大的作用。

司馬遼太郎被譽爲日本的國民作家，擁有廣大的讀者。他以紀行體裁搭配評論，在《朝日週刊》連載專欄「街道行走」（街道をゆく）。一九九三到九四年間，司馬遼太郎的行腳終於來到台灣，他的「台灣紀行」專欄在一九九四年十一月結集成書。透過暢銷作家的作品，台灣終於讓日本國民認識了。尤其是司馬遼太郎（一九二三－一九九六）對於同樣世代的李登輝（一九二三－二〇二〇）有情感上的親近感，對於李登輝個人及李登輝治下的台灣有「同情的理解」，對於一般的日本人來說，他的《台灣紀行》無疑爲台灣做了最好的宣傳。

上面這些之外，我認爲一九九五年社會黨「村山談話」後的學術交流計畫也很重要。一九九五年，終戰五十週年，正好是社會黨執政，村山富市首相於該年八月十五日發表「村山談話」承認日本戰前的侵略行爲對亞洲諸國造成傷害。其後，日本政府開放戰前的相關檔案並透過網路提供各國使用，這就成了目前的「亞細亞歷史資料中心」（「アジア歴史資料センター」https://www.jacar.go.jp/）。另外，則是提供經費讓研究者可以相互交流。這個長達十年的研究者交流計畫，對於在日本學院體制中相對不利的台灣研究者來說，應該是個可以讓大家持續地進行台灣研究的重要物質基礎。

一九九八年五月，日本台灣學會設立了。二〇〇二年，具有標竿性意義的《史學雜誌》五月號「回顧與展望」，終於將台灣當成一個子項了（第一年的擔當執筆者是栗原純）。

若林：不過我覺得日本台灣學會的功能比較像是一種磁石（じしゃく，磁鐵），一種吸

引場域……也就是說，有些人雖然是在大學教中文、研究中國文學，或者是日本近代史，但是或多或少跟台灣相關，所以做台灣相關的研究。然後如你剛才提到的，台灣在這個世界上因爲民主化吸引了很多注意力，於是一旦有人說要建立台灣學會，大家就會集中過來，發揮了磁石的作用，像磁鐵一樣吸引各方。但是已經成立二十多年了，我們的功能停留在此，似乎沒有進一步的發展。所以大概在二〇一一、一二年左右，日本台灣學會在早稻田開會的時候，邀請了Benedict Anderson來召開一個workshop，因爲舉辦該年年會的負責人梅森直之教授（早稲田大学政治経済学術院，研究領域爲日本近代政治思想史）是吳叡人先生在芝加哥大學留學時候的朋友，所以請他來評論。吳叡人在評論裡也提到說在日本做台灣研究，用英文講就是「still a lonely business」，讓我感慨很深，沒有辦法反駁啦，因爲這是事實。

吳：

這是事實啊！即使到了現在，去日本留學研究台灣史，一樣會碰到要進什麼學科的困擾。我當年到底是要進東洋史學科，還是進國史（日本史）學科，還是到駒場（こまば）（東京大學教養學部）的國際關係或地域文化？還眞是有些遲疑呢！後來是因爲自從鄭欽仁老師以來，認識的老師大多是東洋史出身的，而且當時認識的研究台灣史的日本朋友，像栗原純、林正子、唐立（Christian Daniels）、張士陽都在東洋史，因此選擇了東洋史。不過，後來還是花了不少時間到國史（日本史）學科去上課，也參加了很多日本史的讀書會。這個問題我認爲短期之內不可能改變。但是終於大家願意把台灣當成一個研究單位了，也有了一個全國性的學會，這已經很了不起了。接下來的問題是，每個研究者回到他自己原來的 discipline 時，如何以台灣研究向各該 discipline 發出一些 message？

若林：

二〇一七年，日本台灣學會在京都大學開會的時候，請到蕭新煌博士開了一次會前會，互相介紹日本、台灣的民主化，還有希望進行歐洲、美國、台灣、日本的相互交流之類的……那時候，我聽台下發言的人差不多都是日本年輕人，感覺有一點不妙，也就是說我的感覺跟年輕人是不一樣的。我們在日本做台灣研究的心情是戰戰兢兢的，不知道什麼時候會遭到什麼巨大的力量攻擊而沒辦法繼續生存。但好像他們都沒有感覺到這種做台灣研究的緊張感。當然目前在學術上已經成立了一個台灣研究，但是這個學術研究的基礎一開始並不是那麼強的，那是後來才逐漸穩定下來的。不過他們都沒有這種危機感，覺得對台灣有興趣，日本學者就可以盡情的做研究，不需什麼牽掛。我那時候就覺得說，我跟他們已經不一樣了，他們認爲這是學界的制度，所以理所當然會永遠存在下去吧？但我都沒有這樣子的安全感。日本台灣學會雖然已經有二十年的歷史，但什麼時候會被打倒我不知道，創會以來，我一直都是用這樣的心情去經營過來的，很累，所以做五年的會長就退下來。

這種對不知名的打擊力量感到恐懼主要是政治上的。另外一個就是，日本的台灣研究至今仍然沒有辦法建制化，只能由學界當中有自主意願的人去運作起來。這並不是因爲學術上有沒有正當性的問題。日本學界裡面成立「研究會」是司空見慣的事情。只要五、六個或者是十幾個人有興趣，就可以呼籲建立一個新的研究會，像北歐研究會、芬蘭研究會，甚至進而成立芬蘭研究「學會」都是可以的。我們日本台灣學會也是這種學會的其中之一而已，只是而已。更何況做台灣研究的政治環境相當嚴峻，在日本社會做台灣研究，沒有像台灣那樣有國家力量支持，只是能申請補助金而已。不過日本台灣學會剛建立的時候也沒有申請這種補助金，而且是大家都不願意接受外國的支持，到現在也是如此。連我們早稻田大學台灣研究所想要跟日本台灣學會合辦研討會，有些人還是會擔心，因為這個學會都是自己掏腰包做的，這個原則很重要，好像現在那些我的學生輩擔任會長也繼續這個原則，這樣是好還不好我不知道，但年輕一代有種在我看來是莫名其妙的安全感。當然這不一定是壞事，也可說是好事情吧！

這可能是因為我個人的興趣、性格，所以讓我有這種感受。也或許不知道是因為什麼客觀因素會讓我這樣，不知道。不過到了石田浩（いしだ ひろし）先生[17]當理事長的時候，他好像並沒有這種不安全感……這樣也很好啊，因為以一個組織的運作來講或許是好事，理所當然的，那樣也算是成功的。但因為我是創會的人，心裡就一直有一種不安全感，沒有辦法完全消失掉，所以京都那場研討會的時候，我覺得跟台下的年輕人感受是有點不太一樣，但好像大家並不了解我的感覺這樣。

提到這種不安全感，有時候確實是政治上的。我想起來，日本台灣學會創立大會的時候，有一些情況的確是如此。那時有中國政府相關人士，也是中國新聞媒體的人來

17. 石田浩（一九四六—二〇〇六），日本經濟學家，京都大學農學博士，關西大學經濟系教授，研究領域為中國農村經濟、台灣經濟發展、亞太經濟發展等方面。他長期關注台灣議題，並多次來台進行研究，曾任日本台灣學會理事長、台灣史研究會代表、亞細亞政經學會理事及日本現代中國學會常任理事。

刺探，另外有兩位台獨派的人就在創立大會上開始互罵。如果連這種問題都處理不好，那麼這個學會是沒辦法繼續下去的。我在公開場合大聲罵人是前所未有的，只有那一次，空前絕後（笑）。多虧有松田康博（まつだやすひろ，現任東京大学東洋文化研究所教授、日本台灣學會理事長）的功夫高明。然後陳其南先生（受邀致詞貴賓）也目睹了這一切。

吳：

創立大會的鬧場事件，就是靠著身體健碩、武功高強（笑）的松田康博直接把鬧場的人幔（mua）出去的。

2. 若林台灣學之建構歷程：實證研究（政治史／當代政治）

◎台灣史研究逃兵的個人史：《台灣抗日運動史研究》及其後

若林：

我在第一本著作《台灣抗日運動史研究》裡提出的「土著地主資產階級」概念，當時是一個還沒經過實證的假說而已。像許佩賢或是王興安借用這個假說來做一些延伸研究，開拓台灣教育社會史的研究，我覺得很好啦，但我自己都沒有把它好好發展下去，最近我想要重新對自己過去的研究概念「再檢討」（重新進行研究它的內涵及有用性）。

但我認爲「再檢討」的作業，需要在一種新的架構裡面去談會比較好，因爲我想要做的不是歷史實證研究，所以需要一種新的架構，目前還在建構當中。另外你提到的「東宮行啓」的論文，那是非常孤立的一篇論文，至少方法論來講是這樣。最近台灣好像有一篇碩士論文研究日本皇族訪台的（陳煒翰《日本皇族的殖民地台灣視察》台灣師範大學台灣史研究所碩士論文，二〇一一年）。日本國內有一位研究天皇的社會史的學者，就是原武史（はら たけし）先生，大概只有他知道我這一篇論文，在日本學界是非常孤立的一篇論文。但是我覺得研究、製作、寫作那篇論文是非常愉快的一次經驗，過程中我曾跑到北海道大學圖書館去，然後在寫作過程中跟一些以前一起住過學生宿舍的朋友共同討論，這些經驗我覺得非常愉快！然後，那是我第一篇日、中、英文都有的多語言產出的論文（英文版 Wakabayashi, Masahiro, “The Imperial Visit of the Crown Prince to Taiwan in 1923: How the Japanese Colonial

"Authority Managed the Tour," *Journal of the Japan-Netherlands Institute*, Vol. II, 1990.，中文版收錄於《台灣抗日運動史研究》（全新增補版））。

吳：

我認爲你做的歷史研究，有兩個代表性課題，值得大家具體地深化下去。一個就是「土著地主資產階級」。你已經具體分析了台灣議會設置請願運動、公立台中中學校設立過程。駒込武（こまごめ たけし）也研究了草屯的洪元煌、洪火煉。先不論這個「土著地主資產階級」的詞是否需要檢討，但台灣史研究的確應該積極地面對「地方名望家」階層。你的另一項研究「東宮行啓」，我也認爲很有意思。「東宮行啓」的系列研究，包含很多個研究方向。

大概在一九九〇年代以後，日本學術界對於日本近代的天皇制研究有了新的展開，似乎成了一種風潮。例如，出現了一些有關「御眞影（ごしんえい）」的研究，也有一些有關「巡幸」的研究。這些研究強調近代日本如何利用「象徵」、「儀式」來形塑國家意識型態與天皇制。我印象比較深刻的是一本翻譯的研究書（藤谷隆，T. Fujitani）《天皇のページェント—近代日本の歴史民族誌から》。這個 Fujitani 是日系的美國人，加州大學柏克萊的日本史博士，當時是加州大學聖地牙哥分校的副教授，現在似乎是多倫多大學教授。他對於日本國家意識型態、天皇制的研究，與傳統戰後歷史學的研究手法完全不同，採用的是當時在日本還很新鮮的文化研究，因此頗爲醒目。但是現在回過頭去看你關於「東宮行啓」研究裡所謂的「儀式戰略」，顯然比 Fujitani 早了好多年就利用這樣視角來研究日本的殖民主義了。你雖然早就走出了一個新方向，但卻沒有人接下去，甚至沒有被認識到，很可惜。

若林：你這樣一說，讓我想起來了那一篇論文的脈絡。（笑）

不過，我寫那篇論文反而跟日本歷史學界的什麼帝國論之類的潮流無關。在客觀上你的說法或許會成立，但是主觀上跟這潮流沒有關係。簡單來講就是我對一九二三年東宮行啓的現象感到興趣，就先找資料，那個時候只有到北海道大學才可以影印《台灣日日新報》。那資料該怎麼處理呢？後來碰到一個我學生時代，住在學生宿舍時候的朋友，後來在學習院大學當政治學教授的坂本孝治郎（さかもと こうじろう），我遇到他，那時他正在研究戰後日本象徵天皇制，他的問題不是左派式的問題，而是在問：到底天皇爲了整合敗戰後底下的國民做了什麼？他的研究方法不是那種意識型態的作法，而是一種政治社會學的作法。首先，他觀察到日本天皇在戰後沒多久有一個很重要的政治行爲，就是每年開一次全國性的所謂的「國民體育大會」，日語簡稱就是「国体（こくたい）」，隨著大會的召開，天皇與皇后都全國走透透，每個縣都有天皇的足跡，這個巡迴性儀式具有象徵性的整合作用，他是這樣解釋給我聽的。接著，到了戰後天皇制比較穩定的時候，開始進行所謂的「巡幸（じゅんこう）」這種具有高度政治象徵的行爲，巡幸這一件事情是有其重要政治意義的。後來我發現，東宮行啓台灣，是戰前日本殖民帝國最高位的天皇制的政治象徵（皇太子），唯一到過殖民地的例子，我覺得應該有研究的意義。具體應該怎麼分析？大概每星期到他的辦公室去討論一次，史料展示的這種場面或那個場面應該如何解釋等等……。然後我就發現了其中幾個日本國家官僚讓皇太子巡遊台灣的儀式裡面，可以有哪幾種合理的分析論述，這你記得比我清楚（笑）。那個時候我覺得這種知識交流眞的很愉快美好。

吳：關於「東宮行啓」，我還要說一下其中所謂的「狀況的脈絡」。我認爲這個部分應該是你當年與春山明哲合作那本書《日本植民地主義の政治的展開 1895-1934・・その統治體制と台灣の民族運動》的延長。當年春山明哲研究了原敬「內地延長主義」的成立，你則是加上了在此日本殖民統治新展開之後的台灣人請願運動。那本書的年代設定雖然是一八九五至一九三四年，但春山所執筆的統治體制其實只談到一九一九年原敬「內地延長主義」的確立，你所執筆的台灣人民族運動則談的是一九二〇—一九三四年。你利用「東宮行啓」的這個「狀況的脈絡」將原敬「內地延長主義」下台灣統治體制的變革（其實也就是第一任文官總督田健治郎的改革），做出了梳理。你認爲經過田健治郎在「內地延長主義」的原則之下進行的制度改革大致完成時，日本天皇（之代理人東宮攝政）來台灣視察（行啓），就政治意義上來說就是一種「權威的捺印」，用白話文來說就是驗收認可。我認爲這是很具有洞見性而又有修辭學意義的解讀，上課時總是特別提出來講。另外，你在說明國民黨的改革時也曾經用過一個「向前方的逃走」的形容解讀，我也總是將它引申來說明原敬在殖民地統治受到朝鮮三一獨立運動的衝擊後祭出「內地延長主義」，說這也是「向前方的逃走」。台灣的歷史學總是缺乏這種「文采」。

若林：

我自己也沒有在「東宮行啓」的這個題目上接下去做。（笑）

突然想起來，關於那一篇論文的內容，曾有一個機會用英文發表，那時候有一個英國到京都研究的英國學者就說，從你的論文可以知道日本的殖民主義沒什麼像樣的、帶有系統性的意識形態，但是它可以用儀式來統治，我記得他這樣評論。

吳：

你早期提出的那個「土著地主資產階級」分析概念，後來有沒有修正呢？或許有人會對於「資產階級」有意見，但我想你所要強調的應該是台灣人當中以土地資產爲基礎的那些名望家吧。如果我們將「資產階級」這樣的詞彙拿掉，改而使用我們社會中原來就有的詞彙，例如「名望家」、「士紳」，或者另一種說法「菁英（elite）」，應該就沒有什麼可以爭議的了。我們以前自然會將研究的焦點放在最高層的菁英，但是隨著研究的深度與廣度，勢必要逐漸進入次一級的菁英，也就是英文的 local elites，日文也有「地方名望家」，中文則有時說「士紳」，日本時代則有「地方紳士」的稱法。日本近代思想史研究裡，丸山眞男對於像福澤諭吉這種日本第一級思想家的研究固然非常重要，但色川大吉（いろかわ だいきち）對於地方性知識人的研究卻更讓人理解實際的日本社會，再進一步則是如安丸良夫（やすまる よしお）那種對於通俗道德的研究，對於我們理解什麼是日本、什麼是日本社會，有更深刻而實際的貢獻。日本學者對於日本史的研究，可以提供我們不少參考。例如，鹿野政直（かの まさなお）對於在野學者的研究、大石嘉一郎（おおいし かいちろう）對於地方名望家與地方自治、地方政治之關係的研究，幾乎都可以直接給台灣史研究做參考。我認爲「土著地主資產階級」這個詞彙即使不一定要直接援用，但對於地方層級士紳的研究（還可以舉出對於台中中學校創設運動的研究），則非常值得繼承下去。駒込武對於草屯洪姓望族的研究，甚至藤井康子對於地方士紳們爭取設立學校的研究，都可以說是在這種問題提起的延長線上做出來的好例子。

台灣方面，也有人對於地方士紳作過研究，例如，我的學生楊永彬、王興安也有類似的研究，但是總讓人覺得問題意識不夠明確，而且沒有繼續下去，很可惜。當然，這些研究需要有地方層級的資料，例如最近台灣研究者很注意的地方士紳之日記、回憶錄等，或是比較積極地利用總督府檔案。

若林：現在總督府的檔案都可以看了嗎？

吳：都可以看了。甚至掃描後的數位檔也都上網了，用起來很方便。

若林：所以實證研究來驗證我的假說是否成立這種作業已經有史料上的角度可以做了？方法上談問題比較很容易，只是實證作業做起來很辛苦。

吳：現在問題是所謂的「土著地主資產階級」這個詞彙是不是需要做一些小修正？要不然，你所提出的問題是怎麼逃都逃不掉的重要課題。

若林：它並不是一個階級的概念，是一種台灣社會的上層階級跟國家的關係如何改變的一種假說。所以這個名詞不太好，我知道（笑）……

吳：我想你之所以會使用那個名詞，也有日本整個學術界氣氛的時代背景吧。而且，「土著地主資產階級」翻譯成英文就是「landed bourgeoisie」，英語世界也會有一些比較性的意義……

若林：不過我提出這個概念，是帶有歷史動態改變的一種階段性的關聯分析在裡面，landed bourgeoisie 好像還不夠。所以希望能有年輕人出來改變這用語。

吳：《台灣抗日運動史研究》（全新增補版）收錄的那篇討論台灣政治史該怎麼做的文章，提出一些框架，例如交換仲介、規訓懲罰之類的機制，解釋架構很漂亮。可是，台灣史學界後來也沒有在那基礎上繼續做實證研究，甚至對你的解釋架構做出討論或修正。

若林：

那篇文章也是有限制的，那篇有稍微提到參與和包攝來控制的機制之類的分析，那時候我的念頭裡面包括一九三五年所謂的地方「半自治」制度的開始，當時已經出現了吳文星老師所說的那種社會領導階層的世代交替。明顯的世代交替出現後，慢慢的進行，受教育的人那麼多，能夠跟日本人用日語進行議論的人越來越多。過去的控制辦法開始行不通了，所以當局他們應該在準備另外一層系統去控制，以便維持他們的控制或加強他們的控制能力。不過，這只是理論上說的，沒有自己發展具體的歷史分析（笑）。

吳：

那一篇是你一九九五年在台灣訪問的期間發表的，是嗎？

若林：

是代你上課的時候吧。（註：若林一九九五年來中研院社會所進行研究，並在台大歷史系開課，同時間吳密察剛好去日本，兩人的指導學生因此展開共同ゼミ交流。）

吳：對，我在那一次研討會發表〈「歷史」的出現〉，那篇文章是我在東京豐島區圖書館寫成的（笑），所以應該就是我在日本、你在台灣的那一段時間，我們彼此異地而爲的。

吳：你的這些歷史研究所提出的問題，沒有被積極地發展下去，我認爲跟台灣史學界的生態和潮流有關。我們這個世代的研究者當年之所以會選擇研究台灣史，基本上還是多少會想追問國家啦、社會啦這樣的「大問題」。現在呢，用我的說法，就是大家淨是喜歡研究些吃、喝、玩、樂（笑）的題目，我們剛才說的那些傳統主題就比較少人研究了。現在大家熱衷的主題，當然也有它的重要性，而且有它湧現的時代背景。「國家」、「民族」、「政治」、「經濟」、「思想」這種傳統被重視的主題，至少已經有了一些累積，而且有時也不免「太沈重」了。當已經到了「飽食」的時代，社會的民主化、自由化也已經有一些基礎之後，大家不免想要了解我們目前的這種生活型態是如何發展出來的。不過，這種「生活史」應該要在更大的政治、經濟、社會、時代的脈絡中討論，否則就容易淪於瑣細化、碎片化。我留學的一九八〇年代，日本史學界也有這種「社會史」風潮，但是他們很快便警戒到這種危機。當時，西洋中古史的阿部謹也、日本中世史的網野善彥不但是引領風潮的學者，他們的書也都是暢銷書，但他們都有更重要的問題在後面支撐著。

若林：

據我所知，有一位日本年輕學者從事探索從凊末到日治初期國家與社會關係如何演變的研究，他動用了很多台灣總督府檔案來論證這個過程。他的論文完成發表後，或許再有一個突破口，可以重新檢視我自己的假說吧。

◎一代人做一代事，台灣政治研究的時代召喚

吳：

除了歷史研究之外，也不一定限於學術界，我認爲你對台灣影響最大的還是《台灣：分裂國家與民主化》那本書。應該有很多人是從那本書開始認識你的。

若林：有一次在組團拜訪貴國總統馬英九先生的時候，出來接待的那個擔任司儀的年輕人就對我說：「老師好，我看過您的書，我是您的讀者。」

吳：因爲那是台灣第一次有人用一個比較具有解釋性的架構來整理台灣過去幾十年轉變的一本書嘛！

若林：我想談一下那本書的成書過程。爲什麼能夠寫成那一本書？其實有兩、三個基礎，都是跟人家借的。首先是理論，理論方面一個是威權主義政體的討論，另外一個就是轉型期的討論。此外就是關於國民黨一黨獨大體制結構論的實證研究。

第一點威權主義體制論，這個在比較政治學裡面是司空見慣的一個很普通的概念，只是那時候我還不太清楚具體內容，所以就跟我東大的同事請教。我的同事裡有一位是做比較政治學的學者，名叫恒川惠市（つねかわ けいいち），我就是跟他請益的。

然後也讀了一些威權體制論的古典著作（如Juan J. Linz的威權體制論等）。

至於轉型期的討論，威權主義到了一個時間點，會發生一種非轉型不可的一個時間點，也就是breakthrough突破口的意義。如何轉型？或者說怎麼樣會走到這種breakthrough的階段？然後如何變化？這大概是一九八〇年代後半期，在國際學界非常興盛的一個討論。因爲當時世界上充斥著這種現象，政治學界就出現了一個詞tansitionology（轉型學）。這個transitionology就是要談from authoritarian regime到democratic regime政體轉型的研究。

我剛當上東大副教授不久吧，有一天，我上完課，到生協（せいきょう，「生活協同組合consumers' co-operative」，日本的消費合作社）的書店看到一本書，日文翻譯書，是關於拉丁美洲一位學者討論威權體制轉型的書（O'Donnel, G. and Schmitter, P.C.,*Transition from Authoritarian Rule: Tentative Concluion about Uncertain Democracies*, The Johns Hopkins University Press, 1986；眞柄秀子／井戸正伸譯《民主化の比較政治学》東京：未来社，一九八六年），我馬上就買了，然後帶到電車上讀。書中一些名詞很有吸引力，好像就是在展現台灣的現象，就是說你可以用理論的語言去描寫台灣那個時候的變化。剛剛提到的「向前方逃走」、「後退性的正當化」，或者是所謂的「圓桌會議」的角色，「圓桌會議」在台灣的話就相當於後來的「國是會議」，李登輝那個時候弄的國是會議，以及背後體制內「鷹派」跟「鴿派」的角力等等，我從那本書好像看到了當時台灣的威權體制轉型的理論寫照。這是那本書的第二個基礎。

第三個基礎，關於國民黨一黨獨大體制的結構論，差不多也在那個時候出現。因爲我讀到吳乃德的芝加哥大學的博士論文（Wu, Nai-teh, *The Politics of a Regime Patronage System: Mobilization and Control within an Authoritarian Regime*, 1987），那是你朋友謝明達替我複印，提供的地點也是在國賓大飯店，我記得很清楚（笑）。吳乃德的論文提問：「爲什麼這種國民黨一黨獨大的體制在台灣可以持續存在？」他的回答是一個爲地方派系，另外一個是救國團。眞的，我覺得他的這些論點非常有用，可以用來描繪當年台灣民主在轉型期開始之前的國民黨的體制運作，這些也是那時日本學界都還沒有注意到的事情，所以很值得介紹。

除了吳乃德，還有陳明通的「派系論」，地方派系的研究。之後也出現了吳介民的社會運動研究，然後我那個時候也參考了林佳龍的碩士論文。也就是說，那本書的第三個基礎——關於國民黨一黨獨大體制的結構論，我參考的都是台灣學者的研究，那時候也算是台灣的社會學者的台灣研究開始在日本公開被看見的時候。

就這樣，《台灣：分裂國家與民主化》那本書的三個基礎，大多是我借用過來的，吸收消化整合了一些現有的理論與實證研究而成。

吳：不過這本書在台灣經常是被當作歷史書來讀的（笑），這跟台灣歷史學界用了很多的史料、事實來寫歷史，而不作興進行體系性的歷史解釋有關。我們的歷史研究不知道什麼時候將整理史料、堆砌歷史事實當成了歷史研究、歷史寫作的目標？事實上固然有一些人將歷史看成是掌故、故事，而想要知道，但還是有人要的是經過適度的架構化、體系化整理的過往歷程（歷史）。你的書處理的是從舊時代到新時代的轉換。從時間上來說，它是近幾十年來的時序化歷程（現代史）；從架構上說，你採用幾個概念將諸多歷史事實串連起來，就達到了「以簡馭繁」的效果，大家也就可以更清楚地看到歷史發展的方向與意義。其實，歷史學者除了博蒐史料、考訂證據、形成史實之外，也應該進行詮釋（甚或評價）。甚至，即使前半部分的史料、史實的相關作業過程，便已經有詮釋與價值判斷在發揮作用了。但是台灣的史學界經常將前半部分的作業視為客觀的專業，把後半當成是應該避免的政治干擾。

回顧起來，一百年來對於台灣史提出重要解釋的，多是社會科學者，很少是歷史學者。第一波，應該是一九〇〇年代開始的舊慣調查會的調查和研究。舊慣調查會的調查、研究當然是為了作為統治的參考，因此具有很強的應用取向，關心的問題也多是如何以近代的（社會科學，尤其是法律學）概念解釋台灣社會存在的習慣、行為（慣習）。再來，則可以舉一九二〇年代晚期矢內原忠雄（やないはら ただお）的殖民地經濟研究。

戰後第一波是陳紹馨、陳奇祿、戴炎輝這些人。他們可以說直接繼承了日本時代的遺產，尤其是社會科學（包括人類學）的遺產，一直到大約一九七〇年代才有新一代的新血接下去。一九七〇年代接下來的新血，是在戰後接受完整的學科訓練的一代，但基本上是美國式的訓練，日本時代的遺產繼承得較少。他們可以以陳其南、施添福、柯志明、王泰升等人為代表。這些人幾乎都不是我們文學院歷史學訓練出來的。如果晚近四十年來台灣史研究沒有這些人的加入，我想會很「寂しい」。甚至可以說，這些人撐起了台灣史研究的半邊天。記得我曾經參加中央研究院台灣史研究所《台灣史研究》雜誌出刊十週年的座談會，當時我將該雜誌十年間刊登的文章作了個簡單的統計，結果好像文章作者是傳統歷史系出身的與非歷史系出身的大概各半。當時我說：這種現象應該解釋爲台灣史學界是個具有包容性的領域呢？還是把它當成是台灣史學界被蠶食鯨吞而棄械投降了呢？據說，曾經有人主張台灣史學生不應該讀這些非傳統歷史系出身者的研究成果，但是這樣不就太狹隘了嗎？如果我們回顧百年來的台灣研究，它其實從一開始就具有社會科學的傳統。看起來，社會科學者一直扮演著提出問題的角色，傳統的歷史學者反而比較像是文獻學者或是掌故學者呢！

若林：

這個現象讓我回到你提的問題來討論一下。我幾年前有一次打自己的名字在網路上找看看有什麼東西，然後點開了維基百科（Wikipedia），裡面說若林正丈是日本的「政治學者」，我看了自己也覺得有一點訝異。雖然吳乃德成立台灣政治學會時我付了三萬塊台幣申請爲永久會員，他們接受了，不過，因爲在台灣，政治學者的定義非常不一樣，政治學者應該是理論導向，然後進行跑統計的、量化研究才算，你去中研院的政治學研究所看一下就很明白，不可能有我這種人在那裡可以得到職位。但在日本的政治學界有一個歷史主義的傳統。

吳：對，沒錯！

若林：但是這樣的傳統慢慢削弱了，特別是我現在的地方（即早稻田大學政治經濟學院）。

吳：不只是政治學界，「歷史」在日本的社會科學的各學科裡都有一席之地。我在東大東洋史博士班的同班同學飯島涉（いいじま わたる），最先就是在國立橫濱大學經濟學部擔任教職；日本史的同學神山恆雄（かみやまつねお），也是在經濟學部任教。老師輩的日本近代史大專家三谷太一郎（みたに たいちろう）、坂野潤治（ばんのじゅんじ）則在政治學科任教。當然，這種情況也漸漸地在轉變中，但至少在我留學的一九八〇年代還很明顯。丸山眞男是東大法學部政治學科東洋政治思想史的教授，他到底是歷史學者還是政治學者呢？我們把他的著作當成歷史學著作很努力地讀

呢（笑）！現在東大的法學部也一定還有政治史的教授吧，應該也有法律史的教授吧，政治史還不只日本政治史呢，說不定還有中國政治史呢！以前台大的社會科學也會有歷史，甚至一時還以制度、歷史、思想佔了相當的比例，記得大概我們讀大學的一九七〇年代中期以後，我們的老師那一輩，才開始有像胡佛、呂亞力這種留美回來的年輕學者，他們導入了行為主義，甚至後來研究投票行為，學術研究的重點發生了轉變。日本在我留學的一九八〇年代晚期，社會科學似乎也有類似的轉變。

若林：
不過這種傳統越來越弱了。

吳：
對，沒錯，因爲你們已漸漸的美國化了。

若林：
做一些補充，我那本書中譯本出來的時候，好像在一篇台灣報紙登的書評裡面，說若林這本書裡面的論述沒有什麼特別，是屬於非常平實的討論，但這本書的討論卻可以形成日本國民的台灣認識、對台灣的認知，大概是這樣評論的。我記得好像是吳叡人還在芝加哥大學念博士班時寫的，不過我後來沒有找到……

另外我還記得在香港出版的《九十年代》雜誌上，翁松燃教授寫的台灣政治相關的評論裡也提到我那本書的說法，同樣也是說若林的分析沒有什麼特別突出的地方，但是非常平實之類的評論等等。他不是否定我或批評我的論證，應該也是用平實的、平靜的態度去看待我那本書。

吳：

但是你關於戰後台灣政治的研究當中，有幾個詞現在在台灣已經被接受，一個是「中華民國台灣化」，這個概念好像已經很普遍。另外一個「分期付款式的民主」。蔣經國爲什麼發動改革，因爲要修補統治合法性的外部基礎。因爲國際承認降低了，統治的合法性基礎薄弱了，因此必須在內部補充統治的合法性，進行民主化的選舉。

若林：

其實這個討論也是借過來的，那個「外部正當性」跟「內部正當性」的說法本來是王振寰說的，我把它簡化使用、應用到那本書。

◎區域研究的終極關懷，社會科學的對話和比較研究

若林：

台灣作爲一個研究對象，區域研究者的角度和其他社會科學研究者非常不一樣。我覺得社會科學的幾個學門，社會學也好、政治學也好，就是當作一門學科，discipline，來當作自己的職業。但是，我的立場是區域研究，爲了要理解這個地區的變動而決定需要哪些社會科學的工具。跟理論家或是各 discipline 的專家的立場是非常不一樣的。如果是理論家，那他們需要的是一個 example 或者 case，我們日本話叫做事例（じれい），也就是說，他用他的理論去進行探討，把理論運用到某一個事例、某一個地區的時候，他的責任最終還是要回歸到理論。如果這理論拿來分析台灣的時候沒有用的話，就是這個理論有問題，大概他們會用這樣的思考方式去看待台灣這個 case study。

但是區域研究好像並非如此。我不知道我的做法是否爲區域研究的典型，不過我

做研究的過程一直都是這樣：先看到了台灣的問題，覺得好像這是威權主義體制的轉型，就趕快去學政治體制的理論來理解。然後這個轉型過程好像很有意思，就去看那個政體轉型的理論，欸，看了才發現這個好像不只是政體轉型的問題而已啊？就再換別個工具。不只如此，越深入研究，哇，很多問題啊，族群的問題、民族主義的問題，那就得趕快再學一下，趕快去看 Benedict Anderson 的《想像的共同體》那本書。諸如此類，大概我的作法一直都是這樣。

吳：

「地域研究」（區域研究，area studies）是第二次世界大戰之後才發展出來的。我們在台大讀書的時候，並沒有什麼所謂的「地域研究」，只有發展比較早，大約在十九世紀末、二〇世紀初就在學院成形的政治、社會、經濟這樣的學科（discipline）而已。到了日本之後，尤其到東大駒場就碰到了所謂的 area studies。但是卻也發現駒場的 area studies，過個幾年就會有類似「地域研究とは何か？」（區域研究是什麼？）這樣的討論，似乎這個學科有些焦慮，過一段時間就需要再討論一下自己是什麼似的。地域研究學科的老師似乎也是從那些傳統的學科訓練出來的，因此有時也讓人懷疑是否眞有什麼不一樣？不過，如果我們將對於自己是什麼的焦慮視爲是一種自我反省、自我重新確認，倒也可以說是一種值得肯定的推動進步的動力，不像傳統的學科有僵化的傾向。地域研究這個學門相對年輕，也就比較有「可塑性」，而且老師們來自各種學科，因此反而可以相互影響，彼此借用。

若林：

卽使地域研究者和社會科學者的立場不一樣，選擇研究對象如同喜歡上一個人一樣是不需要理由的。我記得著名鋼琴家也是指揮者Andre Previn曾經在NHK電視節目上說：你喜歡上莫札特根本不需要什麼理由。曾有人在研討會上問我爲何選擇台灣？說我應該要提出些更爲理直氣壯的名目來說明你選擇研究對象的緣由。但我還是採取那樣的說法，因爲一來我不喜歡被所謂理直氣壯的政治正確指定的感覺，最重要的是，台灣研究本身就充滿了學問知識上的樂趣。[18]

吳：

我覺得這也是台灣史這個領域有趣的地方。或許可以說台灣史研究在近代初期開始時就有社會科學的基因了。伊能嘉矩、鳥居龍藏、舊慣調查會如果說算是台灣史研究的先驅，他們都不是從傳統歷史學科出發的。即使在一九二〇年代有總督府史料編纂會、台北帝大史學科，但還是以史料編纂、史料實證論爲主，問題導向的研究相對薄弱，反而農業經濟學、殖民地研究等領域的學者有很堅實的研究成果。就像我們在舊版《台灣對話錄》提到的，戰後在日本的第一代那些台灣人研究者，黃昭堂也不是歷史學的，許世楷也不是歷史學的，涂照彥也不是歷史學的，劉進慶也不是歷史學的，這些人沒有一個是歷史學者。但如果要做一八九五年以後的台灣歷史，這些人的研究還是不能繞過去啊！研究一八九五年以後的台灣史，社會科學的提問一定會有意義，因此歷史學者不應該排斥，而且最好要有一些社會科學的知識，不然就會將歷史只做成文獻研究或鄉土史了。

若林：文獻研究，也還是很─重─要！（笑）

18. 若林對區域研究的看法，請參考：若林正丈〈「台灣研究」とは何か？」〉，《日本台灣學會報》第一號（一九九九年）；若林正丈，〈はじめに──『相互理解の學知』を求めて〉，若林正丈、家永真幸編《台灣研究入門》（東京：東京大學出版會，二〇二〇年）。

吳：

沒錯，我並沒有說文獻研究不重要，文獻研究很重要，但是文獻研究如果做得太low的時候就變成掌故了。

若林：

所以，我很久以前曾經寫過一篇essay，說我做當代台灣研究的方法有兩種，第一種用日文講的話是泥縄式（どろなわしき），中文就是「臨陣磨槍」的意思。另外一個就是「良いとこ取り」（拿來主義），是把一個學說對自己好的地方拿過來，然後就暫且不管那個學說的整體的意義在哪裡。不過這方式很好用，所以我採用了這種方法去做台灣研究，這種做法對認眞做理論的人來講是非常不妥的事情，但是做地域研究的話可以，有用就用！[19]

吳：

不只是你們「地域研究」這樣，其實東洋史也一樣。岸本美緒（きしもと みお）老師一篇講「道德經濟」的文章，開頭就說日本的學問很多是拿人家的新概念，用到自己的研究裡面來。她那篇道德經濟也用 James Scott 的概念，來寫明清時候的道德經濟的問題。[20]

若林：

不過我最近又開始覺得 discipline 還是很重要的。我的所謂「拿來主義」，重點就是爲了要跟上台灣的變化。但是這種拿來主義似乎有所限制，所以大概二〇〇八年之後，出版了《台湾の政治 中華民国台湾化の戦後史》（東京大学出版會）[21] 那本書之後，我好像就沒有辦法再繼續做當代台灣政治的研究，陷入一種研究上的低迷狀態，有人說是「post-book depression」。就這樣我一方面對自己的狀態不滿，然後對其他觀察家的研究也感覺有所不足，所以開始想慢慢轉回來做歷史研究。

19. 請參看：若林正丈〈「泥棒式もまた愉し——台灣政治を地域研究として見ること〉，《UP》第三十七卷第十一號，二〇〇八年，頁二一——二五。
20. 岸本美緒，日本歷史學家，研究領域為中國明代、清代的社會經濟史，現為御茶水女子大學榮譽教授和日本學術會議會員。
21. 中文版《戰後台灣政治史：中華民國台灣化的歷程》（台北：國立台灣大學出版中心，二〇一四年）。

吳：社會科學者一般大多只做當代研究，但也有一些人也已經將時間的因素納入考慮了。以前台灣的人類學者自然地到當下的田野去作調查，如果要了解原住民的「傳統」則直接從清代的史料或舊慣調查會的《蕃族調查報告書》、台北帝大土俗人種學教室的研究報告取材民族誌的資料，但最近則開始使用總督府「理蕃」的行政資料來理解原住民社會的具體變化了。最近有人研究霧社事件之前，日本殖民政府的「理蕃」對於霧社地區原住民社會造成的具體改變，我認爲對於霧社事件研究很有意義。說到霧社事件，我想要推薦幾種大家經常會忽略的資料：Kumu Tapas（姑目．荅芭絲）採訪記錄的《部落記憶：霧社事件的口述歷史Ⅰ、Ⅱ》、霧社事件主要當事者後代的回憶性作品，下山一（林光明）口述、下山操子（林香蘭）譯寫《流轉家族：泰雅公主媽媽、日本警察爸爸和我的故事》（台北：遠流出版公司，二〇一一年）和文學家舞鶴的小說《餘生》（台北：麥田出版社，一九九九年）。它們都讓我們可以更立體地來了解這個重要的原住民歷史事件。

吳：

對於從事跨時代研究的問題，我有一些具體的建議。我們經常以「清代」、「日本時代」、「戰後」這種統治者的區分，將研究議題給分隔開來了。這可能也有來自史料的理由，但卻將原本可以相互比較的機會自然地忽略了。如果我們將研究主題的時間跨越兩個統治時期，不是自然就形成比較了嗎？日本學者主要關心的是日本的殖民統治，因此自然將研究聚焦於一八九五年至一九四五年的五十年間。但我認為這會造成日本學者無法從台灣社會的脈絡來了解問題。例如，日本統治之後日本所設計出來的總督「獨裁」體制，自然會是戰後以反殖民主義為價值的研究者所批判，但日本來台前夕的清代台灣統治體制不也是「獨裁」體制嗎？甚至，從體制設計來看，日本統治體制至少將清代原本不分的行政、司法給分離了。不過，這種行政、司法分離的改變可能也造成當年台灣社會一時難以適應。我們可以很簡單地又舉出另外的一個例子。一九三〇年代中期以後，為了面對戰爭態勢，總督府推出了很多的動員體制，但是日本統治時代晚期的這些統制化、動員化措施，正好可以服務於戰後「反共抗俄」的需要而被存續下來。所以，我總是建議大家應該做跨時代的研究。這種跨時代的研究，自然就會出現比較，因而可以更清楚地看到歷史發展的「變」與「不變」。

我鼓勵學生挑「境界性」的題目研究。所謂「境界性」，一方面指的是時間上的，另一方面也指的是空間上的。我的很多研究生的論文題目都集中於日本統治初期，甚至是從清末研究到日本統治初期。這種題目很自然地便會注意到清代末期與日本時代初期的比較，容易看出歷史發展的「變」與「不變」。另外，我的研究生也有一些是研究空間上的境界地域。例如，平原與山地的境界地帶、族群交界地帶。這種題目也自然便會注意到生態、族群的不同，而看出歷史的不同展開。

3. 若林台灣學之建構歷程：meta-level的嘗試（重返歷史／台灣來歷論）

◎檢視作品的連續性與斷裂性，建構台灣歷史發展解釋模型

若林：

為什麼回到歷史研究？我不太想暴露真相（笑）。我做台灣歷史研究「逃兵」的這三十年來出現很多新的研究成果，需要看的研究成果也很多，後來因為早稻田大學給我二〇一六—一七兩年的研究長假，感謝早稻田，太幸福了！有了比較充裕的時間，就開始複習這三十年來的研究成果。就像前面所提，舊版對話錄那時我已離開歷史研

究，而離開之後沒多久就有新的研究出來，例如施添福等等，我需要花時間補課，應該說是進入「惡補」的過程。

吳：

基本上，就是上次我們提到的，因為那時台灣史研究開始建制化，而這段建制化的時期，你正好離開歷史領域轉去做台灣當代研究了。台灣史研究的建制化，大概在一九八〇年代的中期就正式走上軌道了。一九八六年中央研究院台灣史田野研究室的成立，可以說是一個指標。

若林：

我在研究長假的時候開始複習或者追蹤這期間台灣的台灣史研究成果。基本上我覺得還是需要從頭開始弄明白才行。也就是說從十七世紀、然後十八世紀這樣的順序，所以先惡補了荷蘭時代、鄭成功時代、清朝時代的歷史，讀了一些過去在做當代政治研究時不會用得到的歷史研究作品。也就是經過這樣的惡補之後，開始有一點感覺，自己是不是可以試著去建構一個台灣歷史的看法？一個切入點就是跟吳密察聊天的時候他提出來的，不過好像你已經不記得了（笑）。大概來講，台灣歷史開展的過程，先是清朝時期有了一個「社會」，這個社會應該加括號，需要很多保留才可以說得通。然後在日本殖民地統治時代有了一個「國家」，這個國家也應該加括號。那接下來的中華民國的時代有了什麼呢？就是「nation」（國民或國族），當然這裡也需要很多保留，要加括號。這種概括論法對我來講很有吸引力。對我這樣已經離開歷史研究很久、但長期對台灣的現狀有興趣，而且將台灣當做區域研究對象的人來說，這種概要說明剛好觸動了我，去追問前面提到過的，在研究過程當中早晚會碰到的問題：「你研究的這個區域到底是什麼？」「爲什麼你把這個範圍畫出來做研究？」這些支撐區域研究最根本的 meta-level 問題。只要你把台灣當成區域研究對象，這些後設性問題是一定會碰到的。你的三階段論說法，我覺得可以當作一個切入點。[22]

另外一個切入點就是，在我腦海裡出現這樣的問題意識的時候，剛好也重新補看了周婉窈《台灣歷史圖說》開頭的一張圖（圖1，頁4）。

這一張圖我一直都看不懂，但是我慢慢用自己的方法可以解讀了。然後跟你以前在日本發表過的〈台灣史的成立及其課題〉[23]那篇文章比較，那一篇裡頭你也畫了一張圖嘛（圖2，頁5）。，這一張圖似乎也可以跟之前曹永和老師「台灣島史」的概念結合起來討論。

於是我就寫了一篇小小的文章，發表在《思想》雜誌（日本：岩波書店）上。[24]

結合這兩個切入點，是否可以發展成一個區域研究者的台灣歷史解釋模式？算是我兩年 sabbatical 的一個比較重要的成果。如此我好像就可以開始說，我的研究的發展似乎是一種同心圓似的向外擴大。第一層的中心課題是一九四五年之後的台灣政治史，從政治體制論以及認同政治論的討論去解釋台灣的政治發展脈絡。那如果再從剛才提到你的「社會—國家—國民」三階段論，另外配合周婉窈的那張台灣歷史演變示意圖，來進一步發展做爲區域研究的台灣研究之歷史解釋模式的話，會發現，我好像並不是在做別的題目，而是同一個題目，同一個研究對象，你的分析架構只不過是再

22. 若林正丈著、許佩賢翻譯〈在諸帝國周緣活下去—台灣史中的「邊境動力」與地域主體性〉，《師大台灣史學報》第九期，二〇一六年十二月，頁三—五二。
23. 吳密察〈台灣史の成立とその課題〉，溝口雄三、濱下武志、平石直昭、宮嶋博史編《アジアから考える 3 周縁からの歴史》（東京：東京大學出版會，一九九四年），頁二一九—二四二頁。
24. 若林正丈〈「台灣島史」論から「諸帝国の斷片」論へ〉，《思想》第一一一九號（二〇一七年七月）。

擴大，再擴大到十九世紀去而已。這樣的工作持續了一段時間之後，我越來越覺得自己的研究就是這樣發展過來的。

也就是說，我回顧自己的作品，依稀意識到了一些連續性的存在，其中當然也有階段性的不同。從同心圓的中心出發，先從我的台灣政治研究開始討論，也就是說以《台灣：分裂國家與民主化》那本書當做代表，討論威權主義的制度，主要關照體制的轉變。那個時候已經感覺到台灣政治的一個很大的問題，就是政體的改變引起了認同政治的問題。認同政治會牽涉到你是什麼人？台灣是不是國家？台灣作爲國家在全世界的位置如何？這些問題其實也就是該如何回顧歷史的問題。必須追溯台灣的「nation」形成過程、統治正當性，還有如何面對原住民等問題。可以說這已經不是政治體制的層次了，而是政治共同體層次的討論。那麼，台灣的政治共同體到底是什麼樣的共同體？這個層次能夠關照到，才算是眞正的台灣政治研究。看出了自己這樣的思考路徑，就覺得自己的問題一直好像是在一種同心圓式的擴張，擴大到過去，探問當代與過去歷史的連續性與斷裂性。

另外，《台灣：分裂國家與民主化》寫完之後，延伸出《蔣經國與李登輝》那本書，是用兩個人物爲中心來看台灣民主化的另外一種歷史。這幾年重返歷史，也寫了矢內原跟葉榮鐘相關的文章。好像並沒有什麼系統性的問題意識（笑），表面上呈現了斷裂性。蔣經國跟李登輝那一本書，是出版社要求而寫的，不在我自己研究的規劃裡，也覺得寫得不太好，但好像對一般讀者來說比較有親近性。寫葉榮鐘那篇[25]是有我個人的理由，寫矢內原則是因爲那個時候我所服務的東京大學教養學部要舉辦一百週年紀念，我就以台灣歷史的關聯（與林獻堂的交流）當切入點著手寫成。

除了這些歷史書寫嘗試，我認爲在建構台灣歷史的解釋架構時，一定要處理統治台灣的帝國的交替問題。大約在兩年前，在師大演講過一次。去年三月的時候，已經提出了「帝國的接力賽」這種說法，想要解釋統治台灣的帝國交替問題，這個問題也是放在我整個台灣歷史解釋架構裡面的。我一直有這樣的問題意識，然後把一些初步的想法在我的部落格上介紹，借用日本史的一些概念來整理「台灣來歷論」[26]。大概是這樣吧！先談這些就好，因爲都還在建構當中，所以還沒有辦法談最終結果。

25. 若林正丈〈葉榮鐘的「述史」之志〉，《台灣史研究》第十七卷四期，二〇一〇年，收於若林正丈《台灣抗日運動史研究》（全新增補版）（新北：大家出版，二〇二〇年）。

26. 請參看 若林正丈，〈「台灣という來歷」を求めて——方法的「帝国」主義試論——〉，若林正丈、家永真幸編《台灣研究入門》（東京：東京大學出版會，二〇二〇年）。

◎台灣歷史研究與理論應用，加強meta-level的探究

吳：關於那個「社會—國家—國民」三階段論，稍微深入解釋一下當時和你聊天背後的脈絡。

這必須從台灣歷史博物館的常設展開始談起。那個常設展是我擔任籌備處主任時策劃出來的，它有幾個keywords，第一個關鍵詞是encounter，用了不少篇幅去講各種人的交會；第二個關鍵詞就是剛才說的societies，我特別要強調它是複數的，而如同剛才你說的，這個societies可能也要加上括號。到了日本時代，展示的關鍵詞是state，只是這個state是殖民地的state，是colonial state。接著是戰後，戰後的關鍵詞是nations，一樣是加s的複數，因爲顯然有一個中國nation、一個台灣nation。德國歷史學者Jorn Rusen曾經有一陣子常來台灣，聽說我們台灣正在籌備一座國立的歷史博物館，就透過朋友的介紹特別到台南去找我，我向他介紹了上面所說的常設展規劃，他的反應是：「你前面兩個字societies跟colonial state我沒有意見，但爲什麼你說是nations呢？應該是nation！」我說：「你比我激進。」（笑）

其實，這是一個比較隱晦的 national narrative。爲何 societies 必須用複數呢？那是因爲原先台灣並不是一個，而是多個社會。首先，不難理解的是原住民就有各種不同的 groups（我們先姑且用這個詞），它們當然不只是一個社會而已。接著，來自中國的移殖者也不是來到台灣之後就自然地形成了社會。移殖者必須經過一個過程才形成社會，我認爲台灣史必須將這種形成社會的過程，比較精緻地描寫出來。移殖者形成社會的過程當中，以當時的技術條件，應該必須適應各該移殖地的地理、生態條件，因此有可能以不同的過程形成不同的社會。也就是說，不同的移植者在移植地台灣形成了多個範圍不是很大的移殖社會（不是「台灣大」的社會）。所以，台灣歷史博物館用了從海邊到山區的不同地理爲背景，想要呈現台灣島內有各種因爲地理條件不同而形成的不同社會，但又用一個迎神的行列來表示這些社會的共同因素。淸代形成的這些多數移植社會，要到很晚近才統合成一個「台灣社會」。我經常舉日本來台之際台灣各地有不同的度量衡爲例，來說明當時台灣島內各自分立的市場圈。一九〇八年，台灣縱貫鐵路開通，終於克服了東西流向之河川的阻隔，才使得台灣南北之間的大規模貨物流通成爲可能，台灣西部可以達成一體化。當然，這只是從 communication 的其中一個側面來看而已，還可以從其他不同的側面來說明這個重要的台灣史研究課題。

台灣史裡有很多概念都沒有釐清。例如，你曾經問了我一個問題：「社」是什麼？這個可能是被清代台灣史研究者當成「不辯自明」的詞，如果要用英文來表示的話，到底應該是什麼呢？到底是settlements？還是villages？還是tribes？或者只好直接用英文字母拼音呢？當時我正好手邊有陳宗仁的文章〈南港社與北港社考釋：兼論清代台北地區番丁銀〉（《台灣史研究》第七卷第一期，二〇〇〇年）。另外，胡家瑜《賽夏族》書中也有關於賽夏族之「社」的解釋（台北：三民書局，二〇一五年，頁一二—一七）。所以我就提供了這兩份資料給你參考。只要看了這兩份資料，就可以知道：在不同的地方、不同的時期，「社」可以是非常不一樣的內容。

吳：

大家可能不一定注意到，台灣史學者在文章當中首先引用Benedict Anderson的可能是我，這是因爲我留學的年代正好碰到這種機緣。我留學期間正好有兩本非常重要的書被翻譯介紹到日本來，其中一本就是Anderson的《想像的共同體》，而且馬上很轟動。

若林：你看的是日文版？一九八三年的那一版嗎？

吳：是的，就是白石隆（しらいし たかし）、白石さや翻譯的日文初版[27]。當時白石先生也在教養學部開了一門課「殖民地論」，但是我沒有修這門課。另外一本書是我們東洋史學科的西亞史教授佐藤次高（さとう つぎたか）先生介紹的。佐藤先生在學期開始之前的課程介紹會上說：「最近有一本很重要的書翻譯出來了，大家應該去看，即使不是研究西亞的都值得看看。」那本書就是 Edward Said 的《東方主義》[28]。就因爲這樣的機緣，我是透過日譯本看這兩部名著的。尤其，Anderson 的內容正好在我的研究中用得上。第一次借用 Anderson 概念好像就是在剛才你說的那一篇〈台灣史的成立及其課題〉。我記得那時我借用了 Anderson 的文句（大家都知道

27. Benedict Anderson 原著，白石隆、白石さや譯《想像の共同体　ナショナリズムの起源と流行》（東京：リブロポート，一九八七年）。

28. Edward Said 原著，今沢紀子譯《オリエンタリズム》（東京：平凡社，一九八六年）。

Anderson很擅長於文學性的比喻）說二十世紀的中國國民國家是「套著國民國家外衣的帝國」，結果東大出版會的編輯，在叢書的編輯通訊裡說這種說法讓他很驚訝，他的日文用詞是「目から鱗が落ちる」（意指頓悟）。顯然這樣的說法當時還很新鮮。

吳：

當時日本整個學術界對於Anderson的借用，主要是在暴露民族主義的虛構性（即它是「想像的」不是「實體的」），我想Anderson本人的本意也是在於反省民族主義的，但我對於Anderson的借用，卻也經常逆著作者的本意來使用。也就是，一方面用它來解構中國民族主義的神話；一方面用它來疏理台灣nationalism的各個環節。一九九〇年代中期，東京大學出版會會經推出一套頗有新意的叢書《アジアから考える（英文名：Series Asian Perspectives》，我在其中的第三冊《周縁からの歷史（英文名：Periphery in the Asian Studies）》寫了一篇文章〈台灣史的成立及其課題〉。岸本美緒老師曾經對這套在當時非常有名的叢書寫了一篇很詳細的書評[29]，她指出統計這套叢書中的文章引用最多次數的書是Anderson《想像的共同體》，大家的引用多是在批判近代的民族主義，但吳密察的文章（即〈台灣史的成立及其課

題〉）卻不是這樣。真的不能不佩服岸本老師讀得如此仔細。沒錯，我當時是意識性地刻意在這種比較有能見度的學術場合寫這種文章。類似〈台灣史的成立及其課題〉這樣的文章，我也在日本台灣學會的成立大會的圓桌會議上做了一個提案性質的報告「台湾史研究はいかにして成立するか？」這個報告，若林先生還幫我取了一個畫龍點睛的副標題「台湾ナショナリズムの歴史記述戦略」。

吳：我除了直接從《想像的共同體》受到Anderson的啓發之外，也從東南亞史研究得到養分。我到日本留學之後，最先並沒有加入日本最主流的「史學會」（一般由東大主導），而是參加了「東南アジア歴史學會」（當時的會長是陳荊和教授）。即使現在，我還是很喜歡讀東南亞史的著作。東南亞史不論是菲律賓、馬來亞，還是越南、印尼歷史研究都值得我們台灣史做借鑑，做比較。我經常從一位印尼史專家土屋健治（つちや けんじ）[30]那裡學些東西。土屋健治是印尼史的專家，也是Anderson的朋

29. 岸本美緒〈アジアからの諸視角——「交錯」と「対話」〉，《歴史學研究》第六七六號，一九九五年十月。

友（自從一九六〇年代以來，有不少日本的東南亞專家都有留學康乃爾的經驗，因此有不少 Anderson 的友人）。上述〈台灣史的成立及其課題〉就有土屋健治筆下的印尼史的影子。怪不得另一位印尼史的專家後藤乾一（ごとうけんいち，也在康乃爾留學過）曾經對我說「看了你的文章，我發現你們台灣的歷史很像印尼的歷史」。我想整理國民國家歷史的 frame 基本上是一樣的，當然寫起來的歷史就會很像（笑），但是我們也想要在這種相同的架構之下，寫出每個國家不同的實際路徑與經驗。

吳：

不同的學科背景與研究關懷，即使利用相同的史料也可能會有不同的發現。胡家瑜就給了我不少刺激。一般來說，土地買賣契約是歷史學者專擅的史料，但胡家瑜卻用了古契字做過一個歷史學者沒有在意的有意思的研究。苗栗的新港社有不少土地買賣契約，她看了說：「你們歷史學者都注意契字中的土地買賣，卻未注意契字中寫著的名字。」對我們歷史學者來說，契字中那些用漢字記音的原住民人名常常連斷都斷不開，但胡家瑜卻從那些契字中讀取賽夏人名字的意義[31]。有一陣子建構論流行，因此有學者主張原住民的族名是後來的外人（例如，日本時代的研究者）所建構出來的，但她卻從我們常用的史料配合她對於賽夏社會的了解，論證了其實早在日本人來到之前就有一群「賽夏人」了。我常開玩笑地說：我們家不適合坐下來在餐桌一起吃飯，因爲我們兩個人的學科背景不同，不免經常抬槓。其實是彼此討論、互相學習。

我的爲學之道，第一是雜讀，第二是模仿，另外就是大量而廣泛地閱讀史料相互參照。我讀各種書，幾乎是只要白紙黑字的都讀。我認爲歷史研究者雖然不必要有廣泛的學問，但應該要有廣泛的知識。所謂模仿是模仿別人問問題，例如日本史研究問什麼問題、美國史研究問什麼問題？我們是不是也可以、也應該在台灣史研究中問這些問題呢？最後則必須實際回到台灣史的史料中來，具體地研究台灣史。當然，教學、實務工作也往往會逼著你必須使用大家懂的語言，而不是學術小圈圈裡面的語言將自己的研究成果、意見表達出來。

因爲建置 THDL 的關係，我看了不下一億字的清代史料。雖然不是很仔細地看這些

30. 土屋健治，進入東京大學後，在江戶伸吉和長住明的指導下研究東南亞，之後前往印尼加賈馬達大學留學。研究主題為印度尼西亞，側重於爪哇人的政治思想和文化。

31. 胡家瑜主編《道卡斯新港社古文書》（台北：國立台灣大學人類學系，一九九九年）。

史料，但光是大致瀏覽一番，也讓我對於清代台灣史有了整體的理解，而且經常透過THDL對其中的史料做各種交叉檢索比對，更讓我對於清代台灣史有與人不一樣的理解。幾年前許佩賢要我在她們台師大台史所開一門課，她以爲我會開日本時代的課，結果我主動要求開「十八世紀台灣史」。因爲我們一般卽使講清代台灣史，但對於十八世紀總是大致帶過而已。我就利用THDL的幫忙，趁機對十八世紀的台灣史做了一番整理。

另外，我因爲後來工作的關係，經常要對非學院歷史系出身的人講台灣史。這種時候不可能像在學校一樣用幾十個小時講台灣史，也不可能引用一大堆史料、舉一大堆史實細節，而必須用一般人可以理解的語言，講一般人想要知道的（當然，這時候希望聽衆不是只是想要聽八卦、掌故而已），而又是自己想要傳達的概念，所以就被逼出來很多講台灣史的方式，因此也就講出不少台灣史的版本（哈，這時候歷史〔History〕不就是複數〔histories〕了嗎？）有時候爲了挑戰自己，會刻意對自己出個新題目，一開始有些陌生，但講個幾遍，又經過聽者的質問跟回饋之後，就逐漸的清晰化起來了。我認爲這是鍛鍊自己的好辦法。

◎從台灣反思戰後日本精神史，深化台日共同課題

若林：

我寫林獻堂和矢內原的文章時[32]，一直在思考，矢內原的弟子說他戰後完全沒有針對台灣的發言，爲何會如此？戰後日本人的精神史和台灣的「忘卻」這個現象該如何去解釋或批判？

舊版《台灣對話錄》也提到，一九七〇年代那些涂照彥等留日的台灣學者寫出那些書之前，在日本學界很少有可以稱得上說是學術性的台灣研究。那爲什麼會有這段空白期？我的直覺是這個空白跟戰後日本人的精神史是有關的，應該剖析到這個程度，才可以理解爲什麼學術上會產生這種空白。這應該跟日本殖民帝國崩潰的方式，以及跟前殖民地的關係如何重新開始等戰後處理的問題密切相關，當然這也與戰後東亞的冷戰體制有關。如果沒有辦法處理到這些層面的話，爲什麼發生這種空白，是很難說

32. 若林正丈，〈矢內原忠雄と植民地台灣人——植民地自治運動の言說同盟とその戰後〉，《ODYSSEUS（東京大學大學院總合文化研究科地域文化研究科紀要）》』第十四號，後來經由翻譯收於若林正丈《台灣抗日運動史研究》（全新增補版）。

明清楚的。

日本統治台灣的時候做了很多調查跟建設，當然是爲了統治所需。但這些成果也不能說完全只有統治層面的意義，還是有學術性的東西留下來。這是爲什麼我在七〇年代開始做台灣研究，然後就很努力的去做，把台灣研究當作學術的志業去發展。不只是我有這種使命感，其他日本台灣學會創會的朋友身上都有這種想法。

如此一來，一旦探索自己的台灣研究人生與來歷的時候，就會碰到這種空白，以及戰後日本本身的精神史的問題。當然也包括國際正式地位之類的歷史要探討。但是就狹義的學術研究來討論的話，必須先重新檢視戰前日本的台灣研究遺產。具體來說，從伊能嘉矩開始的戰前的這些研究成果一定要回顧檢討，才能釐清到底我們現在的學術研究位置在哪裡？如果我還可以做研究的話，也想要去整體檢視這些，但……還好吳密察、胡家瑜已經整理了一些伊能嘉矩的東西[33]，陳偉智的研究成果也已經出版[34]，可以靠他重新開始，大概是這樣。所以說，前年還是去年的時候，陳偉智負責策劃那個伊能嘉矩的展覽，他爲我導覽到最後時，我看到他寫的一句話：「過去伊能踏查台灣，現在我們踏查伊能。」[35]我覺得這句話說得很好！我們日本人的研究被踏查的時候，我們被踏查出的形象到底是什麼？這個是你們的課題，也是我們的課題。

吳：

這是日本的課題、也是台灣的課題。殖民地在二戰後自然都會有反殖民主義的問題；這個反殖民主義又與戰後不久就形成的冷戰體制結合在一起，因此使得反殖民主義的路徑更是糾纏複雜。

日本也好、台灣也好，都常用過度簡單的兩分法解讀歷史，甚至評斷歷史。對於每個研究者的立場，也經常給你貼標籤是殖民地統治肯定論者？還是殖民地統治否定論者？是親日？還是反日？我就有一篇文章被某些人讀成是反日的，卻又被某些人讀成是親日的。我將此事告訴小島晉治老師，他說：那不表示你這篇文章寫得還算公允嗎？

33. 國立台灣大學圖書館編《伊能嘉矩與台灣研究特展專刊》（台北：國立台灣大學圖書館，一九九八年）、胡家瑜、崔伊蘭主編《台大人類學系伊能藏品研究》（台北：國立台灣大學出版中心，一九九八年）。

34. 陳偉智《伊能嘉矩：台灣歷史民族誌的展開》（台北：國立台灣大學出版中心，二〇一四年）。

35. 「重返、田野」http://www.lib.ntu.edu.tw/events/2018_InoKanori/again.html

雖然原殖民地都要走上清理殖民主義的道路，但戰後的現實情境使得這種清理有很多的變數甚至扭曲。就台灣的例子來說，這個清理過程被戰後的情況拖延太久了。另外，即使學術界的討論也經常沒有分清楚哪些是「立場」，哪些是「事實」與「結構」？我認為歷史研究者必須要勤懇地從事史料工作，同時也要謙虛地意識到自己的立場，然後才能進行有意義的學術討論。

若林：這個跟剛剛我提到的問題也有關。矢內原忠雄在戰後並沒有對台灣有相關的發言。不過，我讀到林獻堂戰後的日記裡面，有描述他戰後逃出台灣以後到東京拜訪矢內原忠雄的情景，那部分的描寫給我的感覺就是，在一九三〇年代的台灣或者是戰前矢內原蒙難的時候（「矢內原事件」）[36]，矢內原跟林獻堂的交流都比戰後好多了，說明戰後矢內原的心已不在台灣。他們兩位之間曾有的心靈交流，戰後都沒了，我覺得對林獻堂來講是非常殘酷的一個場面。戰後矢內原是聲望很高的和平主義者、輿論領導人。當時他對中共革命的成功，中華人民共和國的成立，給予一些相當高的評價，然後好像對台灣戰後的處境沒什麼關心的樣子。戰前矢內原忠雄是批評日本帝國主義殖民政策的，所以才會跟林獻堂有一些心靈上的交流。然而，日本的殖民統治結束了，理應他們的關係更好、或者更開放、更自由才對，但結果不是。這到底是怎麼樣的狀態，或許應該再深入研究一下、進行論述吧，我的反省是這個意思。

36. 「矢內原事件」是指一九三七年中日戰爭爆發時針對東大經濟學部教授矢內原忠雄的思想壓迫，當時矢內原在《中央公論》上發表〈國家的理想〉一文批判軍國主義，引發政府批判，並於同年被迫辭去東大教職。

展望台灣研究與持續對話

1. 推動台日青年學術交流

若林：

這個交流活動從一九九〇年代一直到二〇〇四年左右，帶出了一整批的年輕學者，台灣人跟日本人都有。當初倒是沒有什麼高尚的理想，首先就是吳密察推薦我們這個活動拿到了蔣經國基金會的一筆研究經費，那該怎麼樣用比較有意義？他就提議說，做台灣研究的年輕人、研究生沒有一種像「研究會」那樣子的場域，可以把自己的研究發表、然後彼此討論的經驗，特別是在國際交流的場合，如果可以創造機會的話，就培養研究學者而言，具有很好的意義。這種提議沒有理由反對啊，也沒有辦法反對啊，所以就開始了。

因爲我幾乎都沒有插手研究會準備的行政過程，是不是先在台灣辦的？我忘記了，做了幾次才改在日本辦。如果參與者大家都在日本的話，就川島真跟三澤真美惠來負責辦幾次，但後來兩個人很累了，日本部分就結束了。就日本的交流這邊，其實後來也有了具體的成果，就是播種者出版的那兩本論文集（《台灣重層近代化論文集》二〇〇〇年、《跨界的台灣史研究——與東亞史的交錯》二〇〇四年）。後來也出了《台灣抗日運動史研究》中譯本。應該說分成前期跟後期，前期是台日青年學者交流，後期二〇〇一到二〇〇四年變成東亞青年研究者交流會議。最後兩次，二〇〇三在東大，二〇〇四在北海道。那時是申請三菱國際財團。當時我被川島帶到東京火車站前面的三菱銀行的大樓去募款（笑）。

吳：

一九九五年「村山談話」之後，不論是日本學者也好、台灣學者也好，都多了一筆日本政府提供的交流經費，所以台日之間的學者交流活絡起來了。但年輕的研究生卻沒有什麼交流的機會，所以我們兩個人就利用原本研究計畫的一點剩餘款，讓我們的研究生交流。至於這樣的交流為什麼在台灣辦呢？理由很簡單，既然研究台灣史，對於日本研究生來說本就應該來台灣找資料、實地走走，另外的原因當然是在台灣辦各種開銷都比較便宜，畢竟我們只有一點點錢嘛！

台日研究生展開交流的同時，我還另外有一個平行的交流計畫。我當時是帶著研究日本時代的研究生，與若林的研究生交流；帶著研究清代台灣史的學生，與牛津大學的科大衛（David Faure）[37]交流。

若林：

我指導台灣研究學生的時候，注意到的只有兩點，第一點用日本話來講，就是做個「赤ぺん先生」（用紅筆字修改學生的文章）。也就是幫你提出來的文章改一改，這是其一；另外一個就是，我在東大受訓練，念國際關係論，那時哪裡有台灣研究的老師？都沒有啦，而且東大的大學院（研究所）教育方式都是放牛吃草式，但問題在於，放牛該放到哪裡？所以我只有這兩個在意的地方，一是自己努力做個「赤ぺん先生」，另外就是，我想辦法把這隻牛放到比較好的地方，我這個人的這個牧場比較窄，所以就請駒込武先生幫忙，我放牛到他那裡，讓學生去跟他學習。

另外就是剛提到的，爭取經費用國際會議的場合來訓練學生，很好啊。

吳：

其實，我在台大這邊也大致一樣啊！只是現在學生要讀的書比起以前多太多了，他們時間有限不可能像我們當年那樣不分好壞都拿來讀。現在當老師的，要幫學生刪去一些不值得讀的書（這種書還不算少），讓學生有時間可以精讀應該讀的書。也就是說，即使放牛吃草，也要幫學生找到一片好水草，不要讓他們在海灘流連太久。我對學生的要求，首先要把語文準備好，接著一定要他們去選修一、二門葉淑貞、王泰升、柯志明、施添福這幾位老師的課！爲什麼要把他們帶去跟你的學生交流，爲什麼要帶去跟科大衛交流，就是要把學生放到好牧場去嘛！

若林：

我連這個都沒有做好（笑）。

37. 科大衛，普林斯頓大學社會學博士。曾任教於印第安納州立大學、牛津大學，現任香港中文大學歷史系比較及公眾歷史研究中心主任、香港中文大學—中山大學歷史人類學研究中心主任、香港中文大學偉倫歷史學研究教授，近年致力於中國社會的歷史人類學研究。

吳：最近有碩士班的學生竟然連舊慣調查會（臨時台湾旧慣調査会）的成果都不知道，讓我很驚訝。看來很多老師們沒有盡到責任。

若林：不知道的意思是沒讀過是嗎？

吳：什麼沒讀過？是沒聽過！連《台灣私法》這本書也不知道，還是台大的呢！

若林：啊……

吳：現在的學生多喜歡研究「文化史」、「社會史」（就是我說的吃喝玩樂主題），因此舊慣調查會的成果就直接被繞過去了，而老師們也不要求學生們瀏覽一番。吃喝玩樂這些主題，也不能只是說些吃喝玩樂的掌故，它還應該被當成社會生活的一部分，但大家把「社會」忘記了。因此，研究呈現了瑣細化、碎片化、掌故化的情況。

若林：

怎麼會這樣？

吳：

除了我上面講的之外，台灣的學術界最近每過幾年就有人介紹外國學術界在「轉向」。外國爲什麼「轉向」？是因爲人家對既有研究的反省，所以才會「轉向」。而且，方向已經轉變了，就要依著新方向往前走吧！對不？但是我們方向卽使是轉了，但還沒有往前走，就又來個轉向了。如此轉幾次之後頭就暈了。哈哈！

我的意思是目前台灣在資訊上並沒有落後太多，例如《史學雜誌》有回顧與展望，我們也會有回顧與展望，但問題是到底我們是如何回顧了，又如何展望了？回顧展望之後，我們又是如何地前進了呢？

2. 台灣史研究建制化後的發展趨勢

吳：

一九八六年，中研院台灣史田野研究室成立，可以說是台灣史研究正式建制化了。一九八〇年代中期台灣史研究建制化之後，明顯地出現幾個重要的研究主題。第一個明顯的主題，應該可以舉施添福教授的歷史地理學。施添福的研究不但帶動了他的一批地理系的學生，連歷史學者也都受到他的影響而出現「地域社會」研究（不過，我前面已經說過，施添福的地域社會是 geographical society）。另外，施添福對於土牛、紅線的研究也帶領大家去做沿山研究，李文良也受到這些影響。現在有人研究地圖、或使用地圖史料、製作歷史地圖都可以算在這個研究脈絡裡。

另一個研究主題，就是族群研究。尤其是把原住民放進台灣歷史來，不論是平埔也好、所謂的高山族也好。族群研究所、民族學研究所的研究者也有人參與進來，不知不覺就形成了一個不小的研究群。以前關於平埔族研究，我們只能看李亦園先生的文章，但現在李先生的文章可以直接跳過去了。

還有二二八與白色恐怖研究也橫空而出了。李登輝總統爲了處理二二八問題委託賴澤涵教授等人做二二八研究報告，讓二二八研究正式有了市民權，也相應的引動政府檔案的開放。二二八研究開始之後，再來就是白色恐怖時期的研究。現在以許雪姬、薛化元等人爲主，有不少人投入研究。

關於二二八，你一定知道我有一篇文章，因爲那篇文章是你幫我翻譯成日文的，收錄於《岩波講座　近代日本と植民地 8》[38]。其實，以我當時的研究主題來說的話，我比較可以有把握寫的應該是殖民統治體制相關的題目，因爲我那時正在研究「六三法」。但不知爲何，你們企劃編輯群要我寫關於「脫殖民地化」的文章，於是我想那就趁此機會向日本人介紹二二八事件吧！於是，我硬著頭皮寫了那篇二二八的文章。那時政府檔案還未開放，我只能使用已經出版的各種回憶錄爲主要史料來寫那篇文章。如今，那篇文章已經二十五年以上了，二二八研究也已經有很多具體的突破，但

38. 吳密察〈台灣人的夢與二二八事件——台灣的脫殖民化〉，《當代雜誌》八七期，一九九三年七月，頁三〇—四九。另收錄於三谷太一郎編《岩波講座　近代日本と植民地 8　アジアの冷戦と脱植民地化》（東京：岩波書店，一九九三年）。

我自認那篇文章的基本論調卽使在今天應該還是有效的。另外，比較注意我的文章風格的人應該也可以看出我那篇文章的敍述方式有一些「文學風」，我大塊大塊地剪輯各種不同立場、不同角色的人的回憶錄，一方面讓讀者可以辨識出每一段史料的原來脈絡，讓這些史料可以被相互對照。也就是說，我刻意讓讀者看得出來各段引述史料的性質，同時也辨識得出作爲研究者的我之剪輯痕跡。後來，我知道類似這種寫作方式的歷史書早有Natalie Z. Davis的名著*The Return of Martin Guerre*[39]，但我要到二〇〇〇年該書的中譯本出版後才讀到這部名著。

其實，在那之前我還會寫過一篇有關二二八的小文章。

若林：你的另一篇是哪一篇？我不知道。

吳：我那一篇小文章是〈蔣渭川與二二八事件（初探）〉[40]。當時政府爲了作爲處理二二八問題的參考，由行政院委託賴澤涵教授等人研究二二八事件。陳永興爲了一方面牽制行政院二二八研究小組，一方面也想從外部給行政院二二八研究小組作外援，找了幾個人號稱「二二八民間研究小組」。當時我們也開了一個研討會，幾個人分別寫文章，其中我寫的文章最「不成氣候」。我之所以寫得「不成氣候」，一方面是因爲當時我能夠掌握的史料，尤其是政府檔案幾乎全無（其實，即使行政院研究小組，最初能夠使用的檔案也很有限），另一方面二二八事件對於台灣社會的敏感性，讓我兢兢業業不敢稍有大意。因此，我採取一種很低調的研究策略，也只是寫了一篇只敢說是「初探」的文章。我的那篇文章就是將蔣渭川和柯遠芬在事件後不久所寫下的手記相互對照。[41]從中發現蔣渭川是如何在不知不覺間，一步一步地走進了柯遠芬的陷

39. 《馬丹蓋赫返鄉記》（台北：聯經出版，二〇〇〇年）作者利用檔案、審判法官的回憶錄、以及當地居民的訪談、相關契約文件與地理調查，重建了一個離奇的案件。透過本書，讀者得以一窺十六世紀的法國農村生活、司法制度、家庭財產繼承原則。

40. 吳密察〈蔣渭川與二二八事件（初探）〉，收入二二八民間研究小組《二二八學術研討會論文集》（二二八民間研究小組等發行，一九九二年三月）。

41. 蔣渭川的《二二八事變始末記》記載了一九四七年三月一日至三月十日。柯遠芬的《事變十日記》記載一九四七年二月二十八日至三月九日。

阱。這個研究雖然只是個「初探」性質的史料比對作業，但我一開始就對於這種敏感的政治性歷史問題，意識性地採取了克制的研究態度，這種逐日比對一九四七年三月上旬的情勢推移之研究方法，似也成爲以後二二八研究的通例。

如今，二二八事件相關的史料已經比二十幾年前增加太多了，政府的檔案也調查得差不多了，從研究史料的數量來說幾有天壤之別。既然這麼多檔案、史料出土了，二二八事件的研究應該可以做得更嚴密、更精緻。去年（二〇一八），我在國史館啓動一個專案要將二二八相關的檔案建置成資料庫，希望這個向世界公開的資料庫，可以引領二二八事件研究進入新的階段。[42]

二二八事件研究之後興起的是白色恐怖研究。不過，因爲我自己的研究集中在日本時代以前，所以我的學生也幾乎沒有做戰後的研究。九〇年代是我留學回國之後，積極培養新一代研究者的黃金時代，當時我的學生都是研究日本時代的，我要求學生的入門門檻就是一定要使用「總督府檔案」。在這之前，卽使研究日本時代也不是用「總督府檔案」，但九〇年代之後我要求用「總督府檔案」是基本門檻。在那之前卽使研究「抗日運動」也不是使用《警察沿革誌》，而是使用二手書。台灣分館開架後，則開始用《台灣民報》等。八〇年代比較早投入日本時代研究的吳文星，也幾乎沒有使用檔案，但是他大量地用了《學事年報》等刊行書刊。當時我在日本，所以我用的是日本檔案，日本中央政府的檔案。我回國之初總督府檔案雖然還沒有上網，但是已經可以使用，所以就鼓勵學生使用檔案作研究。當時用得最多的人應該是楊永彬，他把佩授紳章的人一個一個找出來。二〇〇二年總督府檔案上網公開，又進入另一個階段了。

若林：日本時代以後的研究這部分比較不願意寫的原因？

吳：理由很簡單，我的學生大部分是九〇年代教出來的！我二〇〇一年到政府去，就比較少在第一線指導學生了。以後大家做二二八、白色恐怖的研究我就沒有跟上，所以說我是時代的落伍者了。

42. 國史館所建置的「二二八事件檔案資料庫」（https://228.drnh.gov.tw）已於二〇二〇年二月開放使用。

3. 台灣研究的外部環境：中國崛起與地緣政治的影響

吳：我曾經在一九九〇年代初期去過廈門大學參加一個海關史的學術會議，也趁機會去看了台灣研究所，但當時該所沒有什麼收藏，就幾乎只是一套《台灣文獻叢刊》。反而是他們有一個比較有基礎的「南洋研究所」。因爲他們南洋研究所從一九三〇年代陳嘉庚辦那個大學之後就開始有所謂僑鄉調查，累積了不少材料。初期的台灣研究所由陳碧笙領頭，到北京第一歷史檔案館去抄出一些鄭成功、施琅相關的檔案，因此也就做了一些歷史研究。當時的中生代大概就是台灣歷史學界比較熟悉的陳孔立吧。當年的幾個年輕歷史研究者（這些人大多在舊版《對話錄》中出現過），如今也多已經陸陸續續退休了。一九九〇年代中期以後，該研究所的重點就已經從歷史轉移到政治、經濟，甚至時事研究了，後來又有了文學研究，整個研究所也擴大成爲研究院。但在中國從事台灣研究本身就有政治性的條條框框，而且也會有政治性的任務，因此沒有太多學術性的參考價值。你們知道他們如何研究台灣政治、經濟的嗎？就是訂幾份台灣的報紙，看報紙做研究。

若林：

還有看台灣的電視。

吳：

對，是這樣做研究，所以我從那個時候就知道不必去了。所謂不必去的意思就是說，基本上他們的研究不是我們認識的學術研究，他們是有很立即的政治目的的研究。他們主要做當代研究、政治社會研究、經濟研究，人數雖然一直在膨脹，但歷史研究還是大概那麼一些人而已。他們現在已經不是台灣研究所，他們是台灣研究「院」，是相當大的編制了。

他們的經費也很多，因爲政治性的原因。另外，他們也經常要做「對台幹部」的講習培訓，所以有很多經費。當年若林老師去的時候的那些做歷史研究的「年輕人」幾乎全部退休了。

不過，現在不是只有台灣研究所這樣的單位在做台灣史研究，很多高校也都或許會有人做台灣史研究，所以他們研究的總產量增加了很多，但是老實說好東西不多。但是有一個麻煩是，他們有一個很不錯的 database 叫「CNKI」（中國國家知識基礎設施，China National Knowledge Infrastructure）[43]，現在我們台灣的研究生透過 CNKI 很快的可以找到很多文章，即使很偏僻的台灣史題目都可以找到不少文章（日本時代比較少，清代台灣史的文章則數量龐大），但是好東西不多。因爲現在的一般研究生依賴網路找資料，結果竟然找中國那種不是挺好的研究成果參考，台灣的好研究文章反而沒有被參考，因爲台灣沒有「TNKI」嘛。這是我們必須面對的問題。

另外一個就是，他們的學者都知道，即使想做學問的學者也知道，他們必須自己很清楚的分出來，什麼時候是可以做一點眞正的學術研究；什麼時候必須做政治性的發言，他們完全懂這種政治姿態。不像我們台灣的學者，反正是學術研究什麼都可以談，完全沒有框框。

他們現在也常常辦兩岸交流，即使地方的政協都在辦。他們只要找到一個人淸代曾經在台灣當過官，就用那個人的名義辦所謂的兩岸學術研討會。一些台灣的學者可能爲了去找資料，也就去參加了。因此中國各地努力挖掘他們曾經來過台灣任官的「鄉賢」，以這些「鄉賢」的名義辦兩岸交流。例如康熙年間的陳璸、光緒年間的劉銘傳的故鄉都開過會了！類似這種會，這二十年來開了非常多。台灣號稱做清代台灣史研究的學者，有不少都去開過這種會。

若林：居然是用這種辦法在從事兩岸交流。

吳：至於日本時代的台灣史，他們的研究老實說不怎麼樣，因爲他們對於台灣史研究本身就有框框條條，再碰到「日本帝國主義」，那就更加到處是框框條條了。

43. 「CNKI」是由中國官方支持、清華大學經營的知識工程，主要訪問平台為「中國知網」，其龐大的資料庫蒐集了各項期刊、博碩士論文、會議論文、年鑑、統計資料、圖書、專利等專業資源以及全文學術資訊，並為用戶提供服務。

4. 帝國接力賽下台灣人民的應對

若林：前面講到日本台灣學會創立大會發生的事件，大家應該可以明白當時的氛圍，我一直都是如此戰戰兢兢的。

吳：台灣人眞的太天眞了。雖然外面的人替我們很緊張，我們自己本身卻不知道（笑）。即使這次選舉也是這樣……外面已經緊張到什麼程度了，台灣人卻還有不少人很「樂天」！還記得九六年那次大選，中國打飛彈，美國航空母艦來，台灣竟然有人要出海去看熱鬧。（笑）

若林：那時我聽說是高雄的一個旅行社組團要去看飛彈掉下來的地方。

吳：台灣社會太沒有危機意識了。

若林：因爲對外危機意識的有無反映了台灣歷史的一種面向……譬如說十九世紀末期，也是這樣。所以這種歷史經驗，這種面對逆勢的意識或是無意識的讓自己無感，如果眞是如此，這種台灣人的深沉心理是日本人不太能夠理解的。不是說日本人習慣未雨綢繆，台灣人就是坐以待斃。我覺得不是那麼簡單的！所以想要建立一個理解住在台灣島上的諸多民族是怎麼樣在諸帝國的、邊緣的統治底下活下來的解釋模型，試圖掌握了解所謂的「台灣來歷」脈絡。[44]

吳：沒錯，也就是因爲這樣，我認爲台灣史很重要的一個課題，就是應該研究台灣如何

44. 若林對「台灣來歷」脈絡的看法，請參看：若林正丈〈「台灣という來歷」を求めて——方法的「帝国」主義試論〉，若林正丈、家永真幸編《台灣研究入門》（東京：東京大學出版會，二〇二〇年）。

在帝國當中奮鬥地或迂迴地活下來。我一直強調在清代，台灣就是清帝國的一府；在日本時代，台灣就是日本帝國的一個殖民地！所以一定要看到籠罩在台灣頭頂上的帝國因素，不能只是看台灣。因此我認爲研究清代台灣史的話，清代的歷史常識多一點比較好。研究日本時代台灣史的話，就一定要有日本近代史的背景知識。但我們並不就只是被人家統治而已，我們也有一套對應的辦法。何況帝國也不只是統治台灣而已，跟台灣一樣的帝國某地方也要比較啦！所以台灣要去跟中國西南地方做比較，也要去跟韓國，就是朝鮮殖民地做比較。我故意寫了一篇收錄在《三代台灣人：百年追求的現實與理想》裡面的文章[45]就是要告訴大家，台灣當時是被放在日本帝國裡面的，所以要研究「議會設置請願運動」也就不能不知道日本帝國，不能不知道整個帝國的時代氣氛、帝國議會。另外，這也不會只是台灣跟日本帝國議會的關係而已，還有朝鮮跟帝國議會的問題，其實台灣跟朝鮮兩邊之間也有互相看對方如何動作呢！所以必須把兩方連在一起看。

（**提問**）請問老師有無補充？將最後這段帝國接力賽與現實政治（例如美中貿易戰、地緣政治）結合，從「台灣來歷」或台灣人獨特的歷史經驗做一個闡述？

吳：我依稀有一點感覺，好像可以做一點比較。東南亞，尤其我看過的馬來西亞，他們有四百年前就已經移民過去的人，結果到現在爲止還可以講華語，甚至講他們當年移出地的語言，譬如福建話，或者是台山話、海南話。他們之間也可以明顯的分得出來有文字的跟沒文字的社會，他們各自用不同的辦法在形成社會。台灣可能因爲經過日本時代，使得這種區分沒有那麼清楚了。我覺得應該將台灣與東南亞做比較研究。

45. 吳密察〈『內地延長主義』與殖民地議會設置請願運動的啟動〉，收錄於《三代台灣人：百年追求的現實與理想》（台北：台灣研究基金會，二〇一七）。

編者按

由於對談時間的限制，兩位老師並未能就原訂綱目中諸如台灣與東亞地緣政治的變局，台日兩國交流的動向，以及新時代台灣研究的展望等重要課題進行充分而深入對話。原訂於今年初進行的補訪作業，則因新冠疫情等突發因素無法如願進行，期待未來能有機會進行後續對談及增補。在此同時，我們也邀請了五位青壯世代台日學者，與讀者分享早年從學於兩位老師以及參與交流活動的回憶，並提供珍貴歷史資料與照片作爲本書附錄。

有興趣讀者可參見若林正丈於二〇一八—二〇一九年間來台的數次演講記錄，從而理解其在《台灣研究入門》（二〇二〇）一書以追求「相互理解的學知」爲宗旨目標所提出的重要學術視野，以及透過「台灣來歷論」與「方法的『帝國』主義論」等分析架構所展開的嶄新研究議程。並參照吳密察在《三代台灣人：百年追求的現實與理想》（二〇一七）一書中，從日本帝國議會政治與朝鮮殖民地政治運動的歷史脈絡與比較視野，重新詮釋台灣議會設置請願運動的論著，以及序言中對於台灣近現代歷史發展軌跡，以及百年來台灣人精神風貌的勾勒。閱讀新舊版《台灣對話錄》的同時，我們除了祝福兩位老師的回憶錄能早日完成出版，更希望年輕讀者們能知人論世，勇敢而堅定地面對新時代的挑戰，如同台灣民族主義及政治思想學者吳叡人在《現存《台灣》復刻》（二〇二〇）一書的導讀所言：「《台灣青年》發刊距今整整一百年，國際聯盟瓦解了，聯合國也已殘破不堪，惡意的瘟疫正在摧毀世界政經秩序，香港陷落了，現實抬頭，理想凋落，而我們依然行走於世界與台灣之間。在世界與台灣之間，在世界與我們之間，是一條無止境的理解與獻身之路。生於亂世，有種責任，而我們台灣人相信，唯有奠基於知識的實踐才能救贖亂世，使我們獲得自由。讓我們打開《台灣》的扉頁，重新記憶前輩百年前的叮囑：『做爲地球一部份的台灣，做爲人類一份子的島民，我們必須努力奉獻於改造世界的大業，以完成台灣的世界的使命！』」

培訓研究者的黃金搭檔

三澤眞美惠

自從成爲大學教員以來，我深切體會到，對於培育研究者而言重要的是，讓他們能有一群相互切磋的夥伴，以及可以持續進行討論的環境。

吳密察老師和若林正丈老師於一九九〇年代中期開始舉辦的台日交流會議，爲年輕人提供了出色的研究夥伴和環境。應可說這個交流會議是一片肥沃的土地，兩位老師是一對黃金搭配，在那裡播種培育出了一群研究者。

大學畢業後我在出版公司工作了幾年，出於對華語圈電影（尤其是台灣新電影）的興趣而遠赴台灣時，我都沒有學術基礎。當我了解到台灣電影史並沒有既定的課程，想到的則是先學習研究「史」的方法，於是在一九九五年進入了台灣大學歷史研究所。

當選讀生的一九九五年，我先修了若林老師替吳密察老師開的課。因爲是赴台第二年，我的國語還差得很，只能惶恐地坐在遠一點的位子仰望老師。第三年當研究生就接著上吳密察老師的課。其實兩位老師授課的共同點是功課很重，提交報告前必須敖夜才能趕上的。但也因爲如此，同學之間自然而然形成聯盟，以互相幫忙的方式一起努力過關，其間也加深了彼此的友誼。回想撰寫碩士論文的過程，如果沒有老師門下好友們的幫助，我這個外國學生是沒有辦法畢業的。

然而，自赴台第四年的一九九七年以來，我也參加了兩位老師爲自己指導學生所辦的小型研討會。一九九七年台南那場小小的會議，是「日台青年台灣史研究者交流會議」的起點。二〇〇二年，交流會議更名爲「東亞細亞近代史青年研究者交流會議」，會議管理由駒込武老師和川島真老師接任。但是，吳密察老師和若林老師仍然是在指導方面的支柱。

交流會議一直持續到二〇〇四年，共舉行了八次。但由於當時的贊助即將結束，所以在二〇〇四年交流會議中經過全體討論決定暫停辦理。之後在二〇〇八年，曾經參與交流會議的成員們還舉辦了以「沖繩和台灣的現代史」爲名的小型工作坊。但，吳密察老師因爲文化建設委員會副主任工作的關係沒能參加。因此可以說從一九九七年到二〇〇四年期間的八次會議，都是由吳老師和若林老師兩位主導的。

每個時期我的與會身分都不太相同，前三次會議是以吳老師指導的碩士生身分參加，接著四次會議則是若林老師的博士生，最後一次會議時我雖然已經離開研究所，但因爲自二〇〇二年開始參與會議管理事務的關係，而變成了幹事。

回顧交流會議，讓我印象深刻的是兩位大師的發言相得益彰、精妙結合。吳老師很善於引導出學生的問題意識，有時故意挑釁地刺激學生。他常說「不成熟的點子也沒有關係，就拿出來討論。問問題要大膽一點。」而若林老師就善於將學生拿出來的問題追究到底，律人琢磨論點。解放的力量和琢磨的力量，在判斷各個發表者到底需要哪一種力量上，他們兩位之間似乎有著相當的默契。長久以來的友誼和信任，才是這種默契的基礎吧。兩位如此出色的老師之完美合作，使得我認爲他們是在培訓研究者方面的黃金搭配。

這次編輯部「關於過去三十年來兩位老師對於台灣史研究的學術影響和教學成果」提供參考的文獻有四本，我都參加。[註]每看一本就想起當時的經驗。從第一本（一九九六）選讀生時代到第四本（二〇二〇）教員時代，在回憶中我深深感受到，自己就是沿著兩位老師開拓的路一路走來。今天作爲一名教員，要從他們身上學習的又更多了。

兩位老師主導的八次交流會議當中，第一次（一九九七）到第六次（二〇〇二）的內容成爲兩本論文集（二〇〇〇；二〇〇四），裡面也介紹每一次會議的概要。但，二〇〇三年之後兩次會議的內容卻沒有被提及。主要是因爲資助與出版期限的關係。然而，這次撰稿時我在電腦深處裡發現以前自己當幹事時的會議資料。看了會議名冊、參加者的感想、照片等，懷念的畫面一個接著一個浮現出來。現在，我仍然和那些老朋友保持聯絡，有時甚至會一起開會。這樣的研究網絡也是兩位老師建構並留下給我們的。在此，趁著這次機會，爲讀者介紹二〇〇三年之後兩次會議的概要，並向這一對培訓研究者的黃金搭配致上最高的敬意。

註、四本文獻紀錄如下：1. 台灣史研究環境調查會著、若林正丈監修《台湾における台湾史研究：制度・環境・成果（1986-1995）》東京：交流協會，一九九六。2. 若林正丈、呉密察主編《台灣重層近代化論文集》台北：播種者文化，二〇〇〇。3. 若林正丈、呉密察主編《跨界的台灣史研究：與東亞史的交錯》台北：播種者文化，二〇〇四。4. 若林正丈、家永真幸編《台灣研究入門》東京：東京大學出版會，二〇二〇。

第二次　東亞細亞近代史青年研究者交流會議

時間：2003 年 12 月 26-28 日 地點：台灣大學新圖書總館四樓多媒體中心	
發表人	題目
A 場（主持人：陳培豐；口譯：松金ゆうこ、三澤眞美惠）	
魏貽君	「書寫的文字政變或共和？－台灣原住民文學混語書寫的意義考察」（評論人：蕭阿勤）
王萬叡	「建構台灣現代（本土）詩史的初步的嘗試－以紀弦和陳黎〈吠月之犬〉的比較及其相関論述爲例」（評論人：黃英哲）
B 場（主持人：何義麟；會場口譯：李承機、川島眞）	
張素玢	「殖民社會的邊緣人－日本農業移民」（評論人：北村嘉惠）
湊照宏	「戰時台灣拓殖會社的金融結構－民間資金籌集的機制」（評論人：近藤正己）
河原林直人	「近代東亞地區的台灣茶貿易－戰爭期間的發展及其意義」（評論人：陳計堯）
C 場（主持人：三澤眞美惠；會場口譯：中西美貴）	
松本武祝	「關於“朝鮮『殖民地的近代』”相關論點之整理與重建」（評論人：駒込武、張隆志）
崔徳孝	「韓戰時期“動員”與在日朝鮮人－以義勇兵募集運動爲中心」（評論人：川島眞）

<table>
<tr><td colspan="2">D 場（主持人：李承機；會場口譯：川島眞、松金ゆうこ）</td></tr>
<tr><td>中西美貴</td><td>「台湾“民衆”的殖民統治經驗—以《台湾民報》〈不平鳴〉爲分析場域」（評論人：藤永壯）</td></tr>
<tr><td>鄭麗玲</td><td>「殖民地科學的延續（1945-1950）—以《台灣科學》雜誌群爲例」（評論人：郭文華）</td></tr>
<tr><td colspan="2">綜合討論（討論人：陳培豐、何義麟、駒込武、川島眞；主持人：三澤眞美惠）</td></tr>
<tr><td colspan="2">從台灣參加者共有 32 人（包括在台日本留學生），從日本參加者共有 20 人。會議更名，中心議題也改爲東亞近代史，所以這次會議設定在與朝鮮史的對話。討論中顯現出來的則是，「國史」概念在台灣和韓國佔有不同位置，也因此對於殖民時期“現代化”的評估產生差異。另外，關於台灣史如何理解與“滿洲（國）”的關係，也進行了熱烈討論。</td></tr>
</table>

第三次　東亞細亞近代史青年研究者交流會議

時間：2004 年 7 月 30 日 -8 月 1 日 地點：北海道大學 人文・社會科學綜合教育和研究大樓（W 樓）W301 會議室	
演講人	題目
嚴安生	演講「對大阪博覽會人類館“事件”的兩點再認識」（主持 & 口譯：川島眞；評論人：呂紹理、坂元ひろ子；會場口譯：李承機）
宮武公夫	演講「二十世紀初頭的博覽會與阿伊努」（主持 & 口譯：何義麟、三澤眞美惠；會場口譯：富田哲）
發表人	題目
第 1 場（主持 & 評論：松金公正；會場口譯：川島眞）	
王昭文	「殖民的工具反殖民── 1920 年代台灣人反抗運動如何利用基督教」（評論人：駒込武）
陳偉智	「『可以了解心裡矣！』：『心裡』與日治時期台灣的警察與法院的民俗研究」（評論人：上水流久彦）
第 2 場（主持 & 評論：鈴木賢；會場口譯：楊琇光、柳亮輔）	
陳韻如	「帝國的盡頭一淡新檔案中的姦拐故事與申冤者」（評論人：尭嘉寧）
沈靜萍 （代讀）	「台灣日治時期身分法規範及其實際運作一從聘金與遺言公證談起」（評論人：陳昭如）
第 3 場（主持人：張瓊方；會場口譯：顏杏如、陳文松）	
塩出浩之	「日本帝國中北海道・樺太住民的“殖民者”意識」（評論人：岡本眞希子）

曾士榮	「Identity and War: the Taiwanese National Consciousness Under War Mobilization and Kominka Movement -- a study of Chen Wangcheng's & Wu Xinrong's diaries, 1937-1945（I）」（評論人：Douglas Fix）
第 4 場（主持人：李承機；會場口譯：富田哲、張瓊方）	
王珊珊	「日治時代的運輸業組合與台灣倉庫」（評論人：黃智偉）
黃國超	「原運刊物、民族自覺與黨外運動—以台灣原住民族運動（1983-1987）爲分析場域」（評論人：溫浩邦）
趙勳達	「『文藝大衆化』的共識與歧見—尋找三〇年代台灣文學研究的新詮釋框架」（評論人：黃英哲 代讀）
綜合討論（討論人：陳培豐、何義麟、張隆志、駒込武、川島眞；主持人：三澤眞美恵；會場口譯：溫浩邦）	
從台灣參加者共有 23 人（一名代讀報告在內），從日本參加者（包括在日台灣留學生）共有 25 人（一名代讀評論在內），從美國參加者 1 人，從中國北京參加者 1 人。這次會議不只朝鮮史，更進一步試圖與中國史、阿伊努史進行對話。之所以包括阿伊努史是爲了比較日本史的阿伊努史研究，和台灣史的原住民族史研究，並展開意見交流。另外也設定了兩場共同題目，一場是「宗教與民族 / 民俗」，另一場是「清代和日治時期的法制史」。在綜合討論時，大家也對「受害者 / 代理人」問題，這個與上次會議所提出「殖民現代性」密切相關的主題，進行了熱烈的討論。	

台日研究生學術交流憶往

洪郁如

我首次參與的台日研究生學術交流，應該就是一九九七年七月在台大舉辦的那場「台灣之重層壓縮型近代化的社會史研究」小型研討會，會期中下榻於剛剛改爲鹿鳴堂的僑光堂。當年的心情，是興奮緊張又尷尬。興奮的是，有這麼好的機會，能跟久仰大名的老師同學們共聚一堂；緊張的是，從一九九二年前往東京大學留學，在那年正式進入第六個年頭，上了博士班，卻是第一次母語發表論文，且又在故鄉台灣；尷尬的是，覺得自己雖然以若林老師門下生身分參加日本隊，其實是非客非主的「留日台灣同學」。

吳密察老師與若林正丈老師在本書的對談中，提到要學生先打好外語基礎。一九九七年首場交流經驗中，我印象最深刻的，無非就是學術交流與語言的緊張關係。那一年，東大一位非常優秀的日本學長也參與了盛會，他事前就告訴我，雖然研討會可以用日文發表，但他想挑戰用中文發表看看，希望我能幫他惡補一下，這就是至今仍難忘的「鹿鳴堂回憶」。我還淸楚記得當年受託時的複雜心情。留日以來，從學習到生活各式疑難雜症，學長都不吝伸出援手。想當年，修多少課，就有多少課堂發表用的日文報告題綱需要找日文母語者修改；既然日文太差無法隨性侃侃而談，所有報告時想講的話，只好一一預先寫成逐字稿，以便充分傳達自己的看法和思維。這樣莫名其妙的完美主義性格，導致身邊古道熱腸的日本朋友們紛紛倒大楣，這位超級優秀的學長也是諸多受害者人之一。

好不容易有了報答大恩大德的良機，怎能錯過。但是看了學長的中文譯稿，練過一次朗讀後才知事態嚴重，中文的難點在於四個聲調，四聲不準的話，文稿文法如何完美，也是猜不透、聽攏嘸。學長大學時代修過中文，但是陣前惡補，顯然已經緩不濟急。事過多年，日本學長當年堅持用中文從事學術交流的謙虛與熱情，回想起來依然由衷敬佩。然而當時自己年少氣躁，思慮淺薄，覺得學長何必自找麻煩？既然大會允許使用日文，精通日文的與會學者也不少，要報告如此高度學術語言所撰寫的內容，何不使用自己的母語更有效率？但是學長絲毫不退卻，報告前夕，在團體活動結束回到鹿鳴堂後依然不棄不餒，希望透過個別指導，做最後衝刺突破難關。然而在無法打破聽攏嘸的困境下，這個非專業的新手中文老師急躁不已，加上各自兵臨城下的焦慮，眞是局勢緊迫，劍拔弩張。自己的第一次母語發表論文，其實也不盡人意。留學期間報告唸稿慣了，緊張起來為了安全起見，即使母語也依然是唸稿機，頗有挫折感。此次自己無意中也察覺了母語的惰性陷阱，比起外語，母語能發揮的表述空間，語意驅使的能度大為寬廣，這種大意輕心反而容易遭致廢話連篇，不知所云。無論如何，經過一番苦戰，所幸大家的發表都平安結束了。

這次台日學術交流經驗影響之深遠，絕非當年可以想像的。跟台灣及來自各國慕名已久的老師同學們相識，所建立的「學緣」一直延續至今。會期中也從其他同學那兒，得知了各自老師不同的指導形式，令人大開眼界。我想，吳老師和若林老師當年對此活動的期許，成效是可以得到證實的。

本書中，若林老師提到了扮演「紅筆老師」（日本函授教材公司旗下，為中小學與高中學生批改作業和考卷的老師）指導研究生的方式。一九九七年我從東京遷居到新潟縣，因為博班學分已修畢，所以等於是把博士論文搬到日本海撰寫，在那電郵尙未普遍的時代，每寫完一章，就馬上打印出來郵寄給老師過目。遠離了駒場的老師同學，在遙遠的雪國與博論孤軍奮鬥的日子裡，每次收到「紅筆老師」寄回的厚厚牛皮紙袋時，那種「師書抵萬金」的溫暖與激動實在難以言喻。必須一提的是，對我們這些留學生，若林老師聲明：「改你們的論文，不負責改你們的日文。」但卽使如此，回到自己手上的原稿，經常都是滿江紅。印象最深刻的一次，是赫然發現留白處，老師用紅筆親批了「廢話」二字。頓時羞愧到無地自容，而這兩個字從此成爲自己的學術警言，刻刻不敢忘。

正如若林老師所說，放牛吃草是母校一貫傳統，坦白講，隱藏在這個牧歌般風景背後的嚴格要求，一點也不詩意。留日之初，師兄們的諄諄告誡言猶在耳：「先想淸楚你的問題是什麼？不然不要隨便去敲門。」研究不是聊天閒扯，當年駒場研究室以設備簡陋著稱，而老師研究室那扇門，在學生心裏是何等厚重威嚴。

從留學到國際學術交流，學術研究與語言之間的緊張關係，都是無時無刻必須面對的。以人文社會學科而言，外語必須細分成「聽」、「說」、「讀」、「寫」四個面向，才能看到癥結所在。比如歷史研究的基本在於史料閱「讀」，若從事日治時期研究，中日文史料閱讀能力往往是最基本的要求（當然依主題而異，也需要運用其他語言）。但是到了國際學術研討會或校際學術交流，不止是靜態的「讀」「寫」論文，現場需要卽時的「聽」「說」來相互溝通，進行學術對話。如衆所知，學術語言迥異於日常會話，「聽」和「說」的要求程度，在精密驅使文字的學門如人文社會諸領域尤甚，用非母語來進行學術與思考表達，絕非易事。上述尊敬的日本學長曾嘆道，用外語表達時，自己突然像是一個幼稚園小孩，實在很難忍受。

既然如此，那研究生國際學術交流的意義何在呢？老師們提供的一九九七年交流經驗讓我覺得，不同學術背景，不同語言、背景的研究生和青年學者聚集一堂，其「場所」意義更爲重要，不可能人人都聽說讀寫樣樣精通才披掛上陣，學術交流場合上，語言通常只是初步的溝通媒介。不同學科領域的朋友們發揮互助精神，語言互相支援，達成的是一種以「過程」爲重心的學術交流。事先報告論文的相互翻譯，進行提問，「讀」「寫」的互譯，確認原意，準備回應；研討會等學術交流的當天現場，也同樣在「聽」「說」的翻譯上互相幫忙。在這過程中建立的信賴與情誼，可能才是研究生國際學術交流的精髓所在。至於現場彼此外語的議論交鋒要臻於完美，或許當作遠程目標再來循步漸進也未嘗不可。其實卽使是母語環境的學術研討會，能暢所欲言也並不意味著溝通程度就是令人滿意的。

一九九七年之後的小型研討會，我因爲個人因素而沒能再出席，多年以後重新開始參與類似活動，已經是教書後的事了，而早期老師們的辛苦開拓，也已經在各地開花結果。據我所知，台日大學間的校際或是院系層級的研究生互訪交流，都比九〇年代更爲熱絡。我個人參與較多的是政大台史所的「台灣史青年學者國際學術研討會」以及後來的「台灣與東亞近代史青年學者學術研討會」，若林老師、薛化元老師、川島眞老師、黃英哲老師等各校學者，都不斷地呵護著這一片台日學術交流園地。

目前較大的問題，反而不在學術交流活動本身。近年日本學界最大隱憂是，外國留學生人數不斷增加，而本國研究生人數卻快速減少，甚至有日本大學老師自嘲：「我們要增加日本學生，以確保研究所碩博班的多元性」，這個問題也多少可從最近台日研究生交流現場感受到。爲了深化日本年輕學生族群對台灣的認識，進一步確保下一代台灣研究的生力軍，二〇一八年我和赤松美和子老師，山崎直也老師一起組織了以日本高中生爲對象的「日本台灣修學旅行支援學者連線」（SNET台灣），得到了日本台灣學會朋友們的熱情支持，吳老師和若林老師也在百忙之中，提供了多方面的建議和協助。希望藉著一點一滴的耕耘，能承繼老師們的腳步，讓未來台日學術交流綿延不斷。

993 年 12 月的忘年會，攝於若林正丈老師自宅。
前排左起：若林惠子女士、若林正丈老師、何義麟、鄭麗娟、前方小朋友 Taya Neban。
後排左起：淺野豐美、Aci Hiryo、Iban Nokan、林成蔚、劉夏如、賴香吟、蔡易達、洪郁如。

台日台灣史青年學者交流會議回顧談

陳文松

台日台灣史青年學者交流會議，經歷不同階段，但其精神與實踐，延續到今，仍是現有台日雙方台灣史研究青年學者之間交流的重要管道。而其開創者分別為日本東京大學若林正丈教授與台灣台灣大學吳密察教授這兩位，從台灣戒嚴時期到解嚴後台灣史研究的先驅者。如今，解嚴迄今已超過四十年，同時也從二十世紀走向二十一世紀。交流會議在台灣政治民主化之後的台灣史研究指向，不僅本土化，更是一種國際化。

不過話說從前，能參加此會議，以及會與日後指導教授若林正丈老師的相遇，其實都要從一九九四年台大歷史系畢業當年暑假，獲聘為中央研究院台灣史研究所籌備處專任編輯助理談起。而結識吳密察老師當然更早，因為他是我一九九一年插班入台大歷史系時的導師，現在還留存腦海中的畫面，就是吳老師帶著導生們到羅斯福路上近汀州街台北市市立圖書館附近的披薩店聚餐；一九九四年畢業前，吳老師再次在台大歷史系開設近代台灣史選修課程，我剛好大四，一則時間與必修課衝堂，一則選課的人數很多，加上當時我就是一位歷史系應屆畢業生，雖感覺到當時有著「濃濃政治味」

的台灣史風潮正在醞釀中，但當時對台灣史的認識可說一片空白，因此就錯過這門課。

在一九九八年未到日本留學以前，曾因《台灣史研究》論文送審，和若林老師在民族所訪問時有一面之緣（當然若林老師不會有印象的），而與吳密察老師則是就讀台大期間的導生之緣。沒想到，這一切，竟然因爲數年後因意外考上日本交流學會獎學金重啓前緣，而且延續迄今，不管在研究上，或是在教學生涯中，從台日台灣史青年學者交流會議至今已超過二十年的歲月，如今的我，也已來到當時兩位老師引領兩國青年學者台灣史研究交流時的年紀，而能有今日的我，當然更要感謝他們的指導與提攜。

返台任教後，台日台灣史青年學者交流會議在台灣方面，改由政大接棒，並擴大爲東亞史青年學者交流會議，我曾經再參加一次，並發表台灣近代「學閥」的議題，之後就比較少參加。但是因爲每年三月舉辦時，若林老師都會帶隊前來，這時在台灣的若林老師及吳密察老師的門生故舊，也會藉機團聚，相互交流。

在我從東華到成大服務後，由於系上林瑞明老師是若林老師早年到台灣研究調查時的老朋友，加上台南逐漸受到日本遊客和學界的重視，很多日本師友，也會藉到台北開會的空間南下一遊，而且若南來，成大歷史系林瑞明老師則是必訪的老朋友。我往往可以因此而得便，陪著師長出訪南部地區的歷史名勝和大啖美食。有一年，若林老師特地南來，我告訴林瑞明老師後，他說要和我們一起去屏東四重溪和墾丁兩天一夜。當時，林老師一三五都有必修課（卽洗腎），但仍抽空和我們同去。我們到了墾丁國境之南，到了牡丹社古戰場，一邊欣賞美麗的風景，一邊聆聽若林與林瑞明兩位老師的無所不談，實在是最幸福的一刻。

而吳密察老師與成大之緣，比我更早。他從國家台灣文學館籌備起，便與林瑞明老師有更近身的往來，之後成大台文系所的設立，吳密察老師更曾擔任系主任，而林瑞明老師則從一開始便成爲歷史系與台文系合聘教授，後來則接任國家台灣文學館（現爲國立台灣文學館）館長。因此，我到成大後，反而比導生時代，更經常有機會與吳密察老師碰面，甚至成了「同事」。而且，林瑞明老師所指導的碩博士生口考，我和吳密察老師常常是固定班底。這種亦師亦友的情緣，反而因爲同一職場的關係，益形密切。

當然，這三位都是我的師長輩，只是他們彼此間不拘小節，雍容大度，文史素養兼

本文作者與若林正丈（右）、林瑞明（左）兩位老師合影。

本文作者與吳密察（右）、林瑞明（中）兩位老師合影。

具，而只要一提到台灣政治，不僅是他們研究的專長，更是他們生命歷程本身，因此，聽起來更是津津有味，彷彿整部台灣近現代史就在眼前上演。可惜，這一切，隨著二○一八年十一月二十六日林瑞明老師的壯年早逝而失去了凝聚力。不過，林老師生前最後一名博士指導學生許芳庭，在吳密察老師代爲指導後，順利於二○二○年七月拿到博士學位，我再度躬逢其盛，口試場上，張隆志老師還特地擺了一份餐點給天上的林瑞明老師，整個口考過程，我們都相信，林瑞明老師也在旁邊看著。想必，林瑞明老師心中最後的掛念，也可卸下了。

話接前頭，回到大四那一年。因一位比我更早插大就讀東吳歷史系的友人方志賢告訴我，他們系上也有開日治台灣史的課，就跑去旁聽了，那是張炎憲老師開的。

學期中，剛好該年度舉辦「台一線之旅」戶外教學活動，分別前往十三行遺址、三峽等地進行戶外考察，那時負責解說的老師，在一九九八年陰錯陽差考取日本交流協會獎學金赴日研究台灣史之後，才驚覺眞是豪華又經典：張炎憲老師講解歷史，陳文山老師（時任台大地理系教授）解說地理，而劉益昌老師（時任中研院史語所研究員）則負責講解考古與聚落形成的關係。還記得同學們站在三峽附近的台階高地，一邊俯瞰著大漢溪河谷所流經的聚落分佈和地理環境，一邊聆聽著三位跨領域師資的解說，當時有沒有聽懂已不復記憶，但是這樣的田野實察與跨領域模式，卻在我日後從事台灣史教學工作上，再次發揮重大的影響。而且更巧的是，成大因設立考古所，校長邀請劉益昌老師擘劃，並先由歷史系合聘劉益昌老師開課，昔日的師長又成爲我亦師亦友的「同事」，且經常有機會碰面請益。

而回到台日青年學者交流會議，很巧的，我第一次參加，就是在那山巒疊翠、崇山峻嶺中的桃園縣復興鄉的美妙山水中登場。那時我已在日本東京大學若林老師研究室攻讀碩士學位，印象中是碩士一年級，還在撰寫碩士論文，由於日本學制與台灣不同，在考進碩士班之前就必須決定研究題目，因此當時碩士論文「青年」的爭奪——以台灣總督府文教局爲中心的材料與方向，已經有了雛形；不過，當年高我一屆而在御茶水女子大學攻讀碩士論文的宮崎聖子，發表了「台灣青年」的概念內涵——以《台灣民報》的言論爲分析對象的論文（原題日文），讓我差點中斷「青年」概念如何在漢人社會中產生的研究，因爲當時文教局的設立，就我的觀點來看，就是殖民政府爲了因應「台灣青年」而推動成立的「青年教化司令部」。由於當時仍無法拆解「青年」

與「台灣青年」的關係，因此，當宮崎聖子如此具體而微的從《台灣民報》直接分析「台灣青年」概念的內涵時，一方面佩服，一方面差點做不下去。所幸，後來想通了，由於兩人的出發點並不同，其實對我而言，也是一種啓發和提點，讓我後來透過文教局設立的「政治決策過程」中相關人物的爬梳與釐清，而能凸顯出另一種「青年爭奪」的實踐與「殖民統治」的緊張感。

有趣的是，早我完成學位的宮崎聖子，日後完成了日治時期台灣青年團與地域社會的大作，並在我博士論文殖民統治與「青年」口試完成那年，也就是二〇〇八年由御茶水書房出版；而當我二〇〇八年年中返國任教後，逐步將我的博士論文完成中譯，並在吳密察老師所規劃的台灣研究叢書裡，於二〇一五年由台大出版中心正式出版，書名《殖民統治與「青年」：台灣總督府的「青年」教化政策》。無巧不成雙，宮崎聖子的大作也在二〇一九年翻譯成中文，同樣由台大出版中心出版在台灣問世，書名爲《殖民地台灣之青年團與地域變貌（一九一〇—一九四五）》。其實，我與宮崎聖子的結識，更早於交流會議，在東京大學外國人研究生時，因加入許多前輩與當時仍在御茶水大學任教的駒込武老師所共同創辦的「新世代亞洲研究會（新世代アジア研究会）」定期例會上，首先聆聽宮崎聖子有關女子青年團的報告時，第一次碰面。當時，這個研究會也堪稱是日台青年交流會議的先導型態，只是地點在日本東京，後擴展到京都。

換言之，我自己本身有關殖民地台灣「青年」與地域社會的關係，都可說是在不同形態和形式的台日青年學者交流過程中產生的研究對話與成果。尤其對我來說，不管在留學期間或是後來任教之後的種種學緣，看似偶然，實爲必然。因此，如何在前人的基礎上，如何延續未來二十年、三十年台灣與日本青年學者間的交流與發展，也將是我們這一輩責無旁貸的使命與任務。

台日交流的回顧

陳偉智

一九九五年至一九九六年，我就讀台大歷史學研究所碩士班二年級期間，吳密察老師前往日本東京大學訪問，若林正丈老師則來中研院民族學研究所擔任訪問研究員，期間在一九九五年秋季亦在台大歷史所開課，課程名稱是「台灣近代史專題研究」。當年若林老師來台灣觀察台灣的政情與選舉（一九九五年立委、一九九六年總統大選），訪問台灣的政界、社會意見領袖、學界等，後來出版了訪問紀錄（《台湾の台湾語人．中国語人．日本語人：台湾人の夢と現実》東京：朝日新聞社，一九九七），其中也簡要地提及了每週在台大授課的情形。若林老師與吳老師這一年的交換訪問，開啓了之後以兩位老師及研究生們爲主的青年研究者交流活動。從後來形成定期的台日青年台灣史研究者的交流，若林老師在台大的授課，或許也可以算是其前史的一部份。

當時上課的資料幸好還有留存，翻閱以前的講義與筆記，當時上課的樣子一一回到眼前。當時上課的其他同學還有許佩賢、陳遠超、王興安、李國生、張崑將、曾品滄、蘇意茹、陳昭如、酒井郁、三澤真美惠、黑崎淳一、陳俐甫等人，以及一些旁聽同學。上課之外，若林老師也招集志願者，組成「台灣史研究環境調查小組」，此一小組成員有許佩賢、李國生、王興安、陳遠超、以及我。每週二上午上完課，中午在校外的餐廳聚餐，常延續上課討論的議題，下午到溫州街的Padouva咖啡館。我們就台灣的台灣史研究的制度、機構、組織、期刊、會議、課程等，分工進行調查與整理，每週上課後的午後聚會，一起討論調查成果。大家互相提出建議或補充，並逐步彙整調查資料。台灣史研究環境調查小組在後期的日文翻譯與討論的階段，加入了碩士班日本同學三澤真美惠、酒井郁（以上台大歷史所），以及黑崎淳一（師大歷史所）。最後此一調查成果，由交流協會出版（《台湾における台湾史研究：制度・環境・成果：一九八六—一九九五》東京：交流協會，一九九六）。透過此一調查小組近半年的討論，我自己也比較了解台灣整體的台灣研究資源與研究概況，對日後自己的研究工作的展開，有許多的幫助。現在回顧此一調查成果，多少呈現了隨著台灣民主化的展開，當時學院內與民間社會，正在興起中的台灣研究狀態。

在「台灣近代史專題研究」討論課中，若林老師先講授「日治時期台灣（／台灣近代）政治史研究的建立：對戰後日本研究成果的反思」。老師準備了詳細的大綱，介紹戰後日本的台灣近代政治史研究的成果與議題。如同題目所顯示，日治時期的台灣史，是近代日本史，也是台灣近代史。由不連續的帝國統治形成的政治結構，以及與本地社會互動形成的歷史發展，從日本與從台灣來看的兩種觀看近代史的視角，雖然重疊但具有不完全一樣的問題意識。若林老師也介紹當時岩波書店出版的八卷本《岩波講座：近代日本と殖民地》，代表當時日本近代史殖民地研究的最新成果。

導論課堂的演講內容，若林老師稍後整理成論文〈試論如何建立日治時期台灣政治史的研究：戰後日本研究成果的一個反思〉，發表在當年十二月由中研院台灣史研究所籌備處與台大歷史系舉辦的「台灣史研究百年回顧與專題研討會」（〈試論如何建立日治時期台灣政治史的研究：戰後日本研究成果的一個反思〉，收入《台灣史研究一百年：回顧與研究》台北：中央研究院台灣史研究所，一九九七）。日後我到美國紐約大學留學後，參與哥大王德威老師與廖炳惠老師主辦台灣研究研討會。我翻譯了若林老師這篇論文，之後收入了由哥大出版社出版，王德威、廖炳惠兩位老師編輯的論文集 *Taiwan Under Japanese Colonial Rule, 1895-1945: History, Culture, Memory*（2006）。

「台灣近代史專題研究」討論課的各週主題，則以春山明哲與若林老師的研究成果而展開，各週以一篇論文爲主題，負責的同學除報告內容外，進一步提出引伸的討論議題，並就相關的研究成果做成研究書目，在上課時報告。上課的最後一週，若林老師邀請在中研院近史所訪問研究的東京大學的川島眞來演講，介紹在台灣的政黨與政府所藏的近代史檔案史料。以下是當時各週的討論文本與負責的同學。

〈總督政治と台灣土著資産階級—公立台中中學校設立問題〉（許佩賢）。

〈近代日本の殖民地統治と原敬〉（春山明哲著）（陳昭如、陳偉智、陳遠超）。

〈台灣議會設置請願運動〉（王興安）。

〈台灣治警事件に關する一資料—內田嘉吉文庫藏「台灣議會設置關係書類」〉（張崑將、曾品滄、三澤眞美惠）。

〈台灣革命とコミンテルン—台灣共産黨の結成と再組織をめぐって〉（黑崎淳一）。

〈一九二三年東宮行啓と「內地延長主義」〉（李國生、酒井郁、蘇意茹）。

〈台灣をめぐる二つのナショナリズム〉（陳俐甫）。

現在回顧來看，當時上課討論多少啓發了後來的一些研究方向。在上課時，我報告春山明哲〈近代日本の殖民地統治と原敬〉，該文試圖在既有的壓迫與抵抗的研究圖式外，透過原敬的言論與政策，檢視帝國內部不同部門間，在殖民地政策上的衝突與協商，同時帝國內部的不均質，也連帶地創造出殖民地的菁英與母國國內政治各方的協商、結盟與抵抗的可能性。記得討論課當時，大家努力地進一步複雜化母國與殖民地之間，除了政治部門外，包含其他經濟、社會、文化部門之間

1996 年 12 月，若林正丈老師再來台灣訪問研究，吳密察老師邀請若林老師參與研究所討論課，課後與學生餐敘。

的各種不均質關係產生出來的協商、結盟與反抗的可能圖像。日後或許從這個課堂的討論出發，讓我意識到除了母國與殖民地之間的關係外，帝國之間的競爭，跨國被殖民者的想像的連帶，乃至被殖民者的反殖民運動的國際主義的研究可能性，啓發日後以「顏智」（甘地）的形象在台灣被挪用的個案爲例，討論一九二〇年代台灣反殖民運動的國際主義想像（〈台湾における「顏智〔ガンジー〕」─一九二〇年代台湾反植民運動における国際主義の契機─〉（二〇一二））。

若林老師的導論演講後來發表的論文中，整理了三種日治台灣的統治機制，其中關於透過規訓、訓練進行控制的統治機制，帶有傅科的啓示，關注各種身體訓練、空間管理等，更重要的是聯繫到新型態的知識體系。對於規訓權力與知識之間的關係的思考，在此一延長線上，後來我寫了日治初期台灣原住民研究的碩士論文，多少也是想要討論日本統治台灣之後，關於原住民的知識生產機制與內容，及其影響效果。

若林老師在台訪問時，吳密察老師則在東京大學訪問研究，期間吳老師常常寫信或是傳眞回來指導研究生。一九九五年底吳老師短暫回來台灣，在台灣史研究百年的會議發表了〈「歷史」的出現〉。吳老師此文，是在東京訪問的研究成果，也先在通訊指導中，分享此文以及對於日治時期台灣研究史的一些看法，從日治初期的地方志書寫、伊能嘉矩、舊慣調查會、到台北帝國大學、到戰爭時期的民俗台灣群體等，日後吳老師也都有相關的研究成果。一九九五年開始，我參與其中的台大台灣研究社的「台北帝國大學研究小組」，邀請吳密察老師指導，並出版了兩期的研究通訊（《Academia—台北帝國大學研究通訊》一九九六、一九九七）。

一九九六年二月若林老師結束在台灣的訪問研究與教學，返回日本。吳密察老師回來台灣，一九九六年春季，吳老師在研究所開設專題討論「殖民地與戰爭」，帶同學研讀與討論近藤正己教授剛剛出版的專書《總力戰と台灣》。我在專題討論課上報告了其中關於吳新榮的部分。吳老師在課上，也介紹了駒込武教授剛出版的專著《植民地帝国日本の文化統合》（一九九六）。近藤正己、駒込武等老師也是後來交流活動固定參與的學者。一九九六年三月，我們歡送許佩賢學姊前往東京大學留學，後來研究所的同學們也有不少人前往東京大學留學或訪問研究。

一九九七年暑假開始，由吳密察老師與若林正丈老師主辦的「台日青年學者台灣史研究會」在台大召開，之後每年的暑假，持續地進行交流活動。五屆之後，二〇〇一年擴大爲「東アジア近代史青年研究者交流會議」。我有幸參與過幾次的會議，在會議中發表論文分享自己的研究成果。從吳老師、若林老師及其指導學生的教學活動，擴大爲台日台灣史青年研究者，乃至東亞近代史青年研究者的交流活動，透過參與，除了與日本的相關領域的學者們形成知識網絡外，也透過交流擴大了自己的歷史視野。從研究所的討論課，到台日交流活動，回顧這段前史，我及我的同學們有幸透過老師們的指導，在近代日本帝國形構過程中，來思考台灣的近代史，同時也從殖民地的位置，回看日本近代史，也甚至在交流過程

1996 年 3 月 30 日吳密察老師以及同學們歡送許佩賢前往東京大學進修。由左至右：黑崎淳一、李國生、張桂華、陳昭如、楊永彬、許佩賢、酒井郁、吳密察、陳偉智、柳書琴、陳瑛。

中，學習到從世界史或全球史的比較歷史的視角，來同時思考日本的近代，與台灣的近代，及其之間的交會。

1996 年春季，「殖民地與戰爭」專題討論課，吳密察老師桌上的書籍是近藤正己老師專著《總力戰と台灣》。

1996 年春季，「殖民地與戰爭」專題討論課，由左至右：林呈蓉老師、吳密察老師、郭錦慧（左四）、黃于玲（左五）。

追記「日台青年台灣史研究者交流會議」

顏杏如

《台灣對話錄 一九八九－二〇二〇》即將出版，在對話中，若林老師與吳老師略提及一九九〇年代成立「日台青年台灣史研究者交流會議」（一九九七－二〇〇一）（後更名「東亞近代史青年研究者會議」（二〇〇二－二〇〇四）），希望提供研究台灣史的年輕人們互相交流討論的場域。緣於此，負責推動這本新版對話錄的張隆志老師邀請當年的會議參加者們撰寫自己的回憶，以作為補充。收到這個邀請時，讓我頗覺猶豫惶恐。一來是應邀撰寫回憶的學長姐們都是籌辦活動的核心人物，而當時的我還是個狀況外的junior。二來是自己的記憶力不佳，又沒有寫日記的習慣，要追記近二十年前的會議，實在是一種考驗。正猶豫不決時，翻箱倒櫃，找到當年的會議論文和資料。於是，轉念一想，不妨留下一種紀錄，作為邊緣junior視角對會議的追憶與側寫。以下，仰賴殘存的記憶與留存的會議資料完成。

我參與過的交流會議共三次，第一次是二〇〇一年夏天在宜蘭礁溪舉辦的「第五回日台青年台灣史研究者交流會議」（二〇〇一年八月十九至二十一日，於中信山多利大飯店）。這一年的四月，我剛獲得日本交流協會的獎學金，以「研究生」（旁聽生）的身份到東京大學留學，在若林正丈先生門下學習，並準備隔年的入學小論文。初來乍到的我原本不在交流會議的參加者名單中，然而夏天回台灣放暑假時，恰巧遞補了臨時無法參加者的名額。

「日台青年台灣史研究者交流會議」和一般研討會的性質非常不同，它不像研討會一樣自由參加來去，而是全程參與的閉門會議。更貼切地說，它是「合宿」性質的工作坊，參與者在論文的報告、討論之外，也共同度過所有的時間。合宿的規模不限於單一的ゼミ，而是橫跨了好幾校的老師和碩博士生。議程基本上是由博士生的報告組成，內容多爲當時正在進行中的研究。而那些研究構想、初步的發現與成果，後來皆已出版爲研究論文，不少更發展成博士論文或專書，因此在此不詳述報告內容，僅記幾件會議中比較特別的安排和印象深刻的事。

二〇〇一年的交流會議除了報告、討論之外，也穿插了一些不同形式的活動。從台北到礁溪，我們途經原爲「澳底御上陸紀念碑」的「鹽寮抗日紀念碑」，一瞥從戰前到戰後地景的置換，及其所象徵的歷史記憶如何不斷被抹去、重寫，並轉換意義。抵達宜蘭後，我們參訪宜蘭縣史館，加深對所到之處的認識。交流會議在第二天傍晚，安排「耆老座談」，四位參加座談的耆老多生於一九一〇年代到一九二〇年代之間，戰前接受日本教育，歷經戰時體制，有人曾擔任保正，有人曾參與員山堤防的興建。這些景點參訪與活動的安排，都讓與會者接觸共同關心的議題，共有對話的基礎。

儘管「合宿」總讓人聯想愉快的氣氛，但我自己對交流會議的印象卻是充滿緊張感且必須全神貫注的。在二〇〇一年會議的資料袋中，有一份發給所有參加者的中、日文「會議須知」，上面記載每位參加者「務必於事前精讀論文集」；還有好幾份會議當天評論人們的評論大綱，包含手寫的綜合評論稿影本。「會議須知」和評論大綱中那些犀利的、細膩的討論提問，讓我想起當時的緊張感何來了。與會者之間的交流、對話是濃密的，也透過事前的閱讀、閉門近距離的討論，讓每一位參加者真正的參與。

會議的開場是從自我介紹起始，那是嚴肅會議中的輕鬆時刻。自我介紹的進行不僅是發表人、評論人，也包含與會的老師們，以及所有的參與者。二〇〇一年的會議資料袋中留有一小疊「自我介紹卡」，那是在自我介紹之前手寫，集結後影印再發給所有參與者的資料。介紹卡上寫著每個人最近的關心、興趣。除了正經的研究興趣之外，也有不少老師和學長姐的「興趣」令人會心一笑——「菜菜子動向」、「二度寢」、

「ワードショー鑑賞」，透露會議也夾雜輕鬆幽默的一面。想特別記一件事，有一張「自我介紹卡」，是已辭世的曹永和老師（一九二〇—二〇一四）寫的：「培養優秀年輕學子爲人生最大樂趣」，時隔近二十年再次看到，感動不言而喻。

第二次參加會議是二〇〇二年夏天，這一年，會議更名爲「第一回東亞近代史青研究者交流會議」（二〇〇二年八月三十日至九月一日，於東京駒場留學生會館多目的室），我則在春天從「研究生」考進碩士班，變成正式的「院生」。這一年的會議，除了年輕研究者們的報告之外，還安排了三場「基調演講」，分別是並木眞人老師〈植民地朝鮮

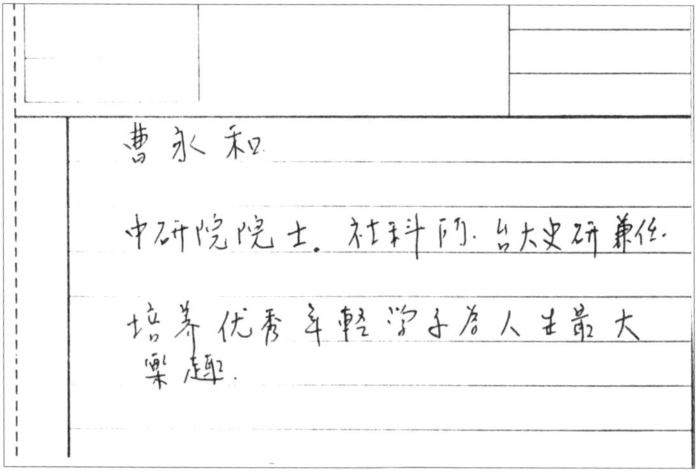

2001 年會議自我介紹時間，曹永和老師所寫的小卡片。

における Colonial Modernity をめぐる問題〉、春山明哲老師〈台湾近現代史研究会のことなど——私の『日本の台湾統治政策史研究』の文書箱から〉，以及岸本美緒老師〈清代の裁判における風俗と法〉（皆收於《跨界的台灣史研究——與東亞史的交錯》台北：播種者，二〇〇四。）從殖民地朝鮮「殖民近代性」的相關討論，到回顧一九七〇年代以戴國煇先生爲首組成的研究會及其成果，以及清代地域社會研究的思考，都讓人收穫良多，也充滿啓發。還記得這一年在基調演講後，第二、三天的多場討論與綜合討論都圍繞著「殖民近代性」、「殖民地公共性」、「灰色地帶」等概念。當時還是碩一的我，忙著理解在會場中飛過的，交鋒的，各種陌生的詞彙。那些詞彙背後的脈絡、所乘載的概念、意義，都是後來還需要反覆閱讀思考的。現在回望，也才知道，那些我感到陌生的概念，當時正透過各種討論、對話，逐漸成形、成熟。

二〇〇四年夏天「第三回 東亞近代史青年研究者會議」在北海道大學舉行（二〇〇四年七月三十日至八月一日）。這一年春天，我剛從碩士班畢業考上博士班，從狀況外的 junior 到被交付會場口譯的任務，但這也是「東亞近代史青年研究者會議」最後一次舉辦了。

北海道大學原爲札幌農學校，戰前許多與殖產政策、農業技術相關的研究者、技師者都畢業自該校；而北海道本身是日本帝國空間中的「內國殖民地」，因此，對會議參加者的我而言，前往北海道大學開會，就像是一種巡禮。校園裡，除了「男孩們，要胸懷大志」的克拉克博士的雕像外，最讓我印象深刻的是白楊樹的林蔭道。我已不記得是誰，領著我們在校園中移動，經過成排高聳的白楊樹時，特別停下來解釋——那是森廣和南鷹次郎陸續在一九〇三年、一九一一年從美國帶回來的樹種。還記得那時我望著高聳入雲霄的白楊樹，心想：原來溫帶的樹這麼高，難怪史料裡的來台日本人抱怨台北的行道樹很矮小。

這一年會議安排的演講，是宮武公夫老師的「二十世紀初的博覽會與愛奴人」，不同於一般從殖民主義的「展示裝置」討論博覽會，而是透過移動至都市、投身參展的愛奴人之眼，從「接觸領域」的角度，探討愛努人自我認同的形成過程，是一場別開生面、充滿刺激的演講。

雖然我只及參與最後幾次的交流會議，但第一次見到許多國內外的重要學者，都是在交流會議上，在那裡我得以一仰其風采，並從他們豐富的學養與綿密的思考方式中獲得養份。此外，與許多同世代、同領域的研究者們初次見面、結識，也都是在交流會議上。也是在這裡，讓才剛開始學習怎麼做研究的我，接觸到許多重要概念、議題，以及充滿啓發性的研究視角，甚至，有機會探訪與研究相關的各種痕跡。我想，除了提供年輕研究者討論對話的場域之外，這些，都是交流會議帶來的禮物。

「第三回 東亞近代史青年研究者會議」舉辦地點—北海道大學的白楊樹林蔭道，給當時與會人士留下深刻的印象。

台灣對話錄

1989 年版

1. 在中國旅行

吳：我們從您的大鬍子談起吧。幾年前，您留著大鬍子由廈門回到日本，沒多久您又到台灣訪問，記得當時您的樣子眞讓我嚇一跳，您對我說了一段話，我印象極深，不知您還記不記得那件事？

若林：嗯……哈……。具體的感覺已經記不太淸楚了！現在回想起來，只是覺得我的自我在中國大陸那個環境中，似乎不夠「強硬」。當一個人想改變自己時，很自然的會採取一些具體的行動，最直接的辦法卻是改變自己的外表及談吐。記得當時在廈門接觸到的許多中國人，總是說我「好年輕」。中國人對「年輕」帶有特殊的含意。爲了防衛自我起見，我決定讓自己看來不年輕，於是就留起鬍子來。

吳：我記得您當時告訴我，您之所以留大鬍子，是因爲覺得自我太弱……

若林：不應該說是太弱，應該說是不夠強硬。

吳：這是不是表示，當時讓您感受到對方（中國人）的自我很強硬？

若林：好像不是，可能是兩個社會處事的方式不一樣的緣故吧。

我當時是以日本學術振興會派遣訪問學人的名義，到廈門大學從事訪問學人的研究。依常理判斷，國家與國家間有學術交流協定，本國內應該也有具體的規定，規定外國學者在本國有權從事那些活動，以及不得從事那些活動，但依我觀察，當時中國對外國學者並無明文規定的法令，即使有也不讓我們看。因此，做起事情來很難。

對方負責「招待」的人，也不能有些差錯，其實他們也不清楚能讓我活動的空間有多大，譬如說，那些文件可以讓我自由參閱，那些事情則必須向省政府單位請示，又有那些事情必須向北京單位請示等。

有一次，爲了我的問題，校方打了一天的電話，才與北京教育單位聯繫上，經請示後好不容易才同意我的活動事項。

簡單的說，我覺得中國大陸的行政效率非常低。經常爲了很簡單的事情，花了極大的力氣，其中消耗的精神、力量相當大。同時，我在中國社會中只是一個人，沒有其他的社會關係，當時確實令我覺得一個人不足以應付中國社會。

吳　：您的意思是不是說，日本社會已有固定的規則，只要您站在任何一個位置，她都會根據規則運轉；而中國大陸的社會，是一個沒有建立規則，必須由當事人走一步看一步，自求多福的社會。

據我所知，台灣社會也不如日本社會般上軌道，您對台灣社會與中國社會的比較看法如何？

若林：我在台灣沒有長期居住的經驗，所以實際情況不太清楚，不過我想台灣的情形應該好得多吧！我的意思是指，整個大陸行政效率的問題，並不是說接待我的人沒有誠意。事實上，他們蠻誠懇的，只是因爲大陸上下沒有「做事的原則」，常常爲一點小事，花費一天時間聯絡、請示。這種事情在日本是不可能發生的事情。

吳　：您曾先後分別前往中國大陸及台灣多次，在您要前往海峽兩岸不同的地點之前，心理上的反應及準備是否有不同？

若林：我可能無法直接回答您的問題。不過，我在廈門的生活經驗，讓我深深體會到，台灣與大陸最大的不同點，在於大陸可怕的封閉性，而那種封閉的氣氛，以及實際封閉的程度，除非親身體驗，否則不可能瞭解。

我在台灣時完全沒有遇到封閉的經驗，廈門實際上是一個港口，按理說不應該有封閉的情形，但我在當年確實經驗到那種不可想像的封閉性，如今已「開放」幾年了，情況如何就不得而知了。

吳：依我個人的經驗，這幾年我來往於日本、台灣之間，每次走出機場時，都深刻地感覺到身體所碰觸到的的確是兩個不同的社會，而且那種氣氛就充塞在空氣之中。

我覺得日本是屬於一個比較冷、靜，在空氣中比較缺乏 energy 的社會。所謂比較「冷」，包含著她是一個比較不吵雜、安靜，在空氣中比較沈澱、清晰的感覺。

每當我由東京返回台北時，我總是再一次感受到台灣那種充斥於空氣中的活力，而就是那種飛揚的活力，令人一下子渾身都不自在，連人的心都開始毛躁起來。相反的，日本空氣中讓人感受的那種「冷」，是一種急也急不了的氣氛，是一種比較低的調子。

這是我個人的經驗，不知道您到台灣時，是否有同樣的感受。

若林：沒錯。

吳　：在一般的印象中，中國社會是吵雜的、有活力的。您到中國大陸去，特別像上海那種地方，是否也感受到那種活力及吵雜呢？似乎隨時都會浮起來的感覺？

若林：大陸的經驗確實令我感受到那份吵雜，到處都是人，到處感受到人口的壓力，公共汽車內擠滿了人，秩序很亂，可是卻沒有台灣那種躍動於空氣中的活力。

吳　：我記得您在廈門作長期研究之前，亦曾多次前往中國大陸訪問，在廈門滯留三個月的經驗，對您的整個中國印象是否代表特別的意義？

若林：在短短的三個月中，想對廣大的中國有瞭解，無論如何只能是表面的。我覺得三個月的訪問中，我所接觸的學界人士都是在特意安排之下的，因此得到的印象及瞭解，只是一些表相，但當我一個人單獨旅行，在未接受官方安排的情況下，才使我感受到一般中國人民的生活條件。我認為，在廈門的三個月中，由於中國方面給我的條件有限，因此廈門經驗只提供我觀察中國的「底子」。

吳：當時福建省已經開放了嗎？

若林：開放了。

吳：從您的通信可以知道泉州、漳州都已開放了。

若林：還有武夷山也可以去。不過當時廈門大學的後山，規定外國人不能進入，另外廈門大學旁有一個海灘，外國人也被禁止穿過那個海灘到隔壁的村落。到廈門大學附近的集美時，外國人只准許通行公路，不得進入旁邊的小徑。

吳：中國如何控制您們這些外國人不亂闖非開放地區呢？

若林：他們有許多控制方法，例如買票的時候不賣給您。

吳：如您所說，廈門大學的後山外國人是不能去的，若是有外國人不明就裡，誤入該區，怎麼處理？

若林：他們在廈門大學後山，豎立一個禁止外國人入內的指示牌，我原先不敢冒然進入，後來漸漸的常常到附近散步，在路上遇見一些中國人，他們似乎對我這位「外國人」也不以爲意。

吳　：又譬如江西省某個縣規定上是禁止外國人去，可是您買票上了火車後，在那裡中途下車，不就能進入禁區了嗎？

若林：也許都是黃種人臉孔，沒什麼差別，可是從服裝、言行很容易辨識本地人或外地人，若是被看出是外地人，下車之後立即會遭到盤問。由於廈門是一個軍事重地，在後山的對面即是金門，因此對外國人的進入存著戒心。

吳　：我一直對於中國如何限制外國人行動，感到興趣，假設我今天到了中國某地，我決定在此地過夜時，他們如何處理？

若林：凡是外國人想在當地過夜，必須向當地的警察局、派出所登記；只有身在專供外國人住的旅館、飯店，才可以免除登記的手續。另外，外國人所領取的簽證中，有註明前往的幾個都市。因此，如果想去簽證以外的任何都市，即令該都市是開放的，也必須再申請簽證。像我到廈門是經由上海前往的，當我在上海轉車時，我的陪同人員立即遭到車站警員的盤問，原來我的護照簽證上並未註明前往廈門。陪同人員向警員表示，上海教育局可以代爲證明及解釋，警員以電話向上海教育局查詢之後，才將我放行。

吳　：對於您剛才提到的「陪同人員」，我覺得很好奇。所謂的「陪同人員」是不是說，凡有外國人進入中國，卽必須有「陪同人員」跟隨？

若林：並不一定這樣，因爲我是依日中國家協定而來的訪問學人，因此中國當局派給我一位「陪同人員」，他們算是歡迎我的。以前，凡是外國人到中國都有特別的「陪同人員」跟隨，現在則視情形而有不同。現在中國大陸比以前開放些，甚至個人旅行也被准許了。

吳　：那麼照您通信中所說，您就只去了上海、廈門、福州，然後回來時又到北京等地，除此之外沒有去別的地方了？

若林：我還去了南京、無錫、蘇州等地作觀光旅行。這些地方我都是一個人去，感覺非常不一樣。

吳：您提到蘇州令我想起一個問題。一般中國的文人對蘇州的印象是：那是一個很富庶的地方，蘇州的庭園是中國庭園藝術的極致。但我最近看小林秀雄的作品，他在昭和十一年（一九三八年）時到過蘇州，他親自去歷訪那些有名的中國庭園，結果令他大失所望。他覺得蘇州的名園，既不人工又不自然。譬如他看了「獅子林」之後，發現它只不過是一個用石子堆砌起來的園子。他感慨的說，對於看過京都龍安寺（日本著名的石園）的人而言，怎麼也無法想像中國的庭園是這個樣子，認爲那是極其糟糕的庭園作品。不知您親訪之後的感想如何？

若林：我也許沒有小林先生的美學修養，但我也去了蘇州有名的「留園」參觀，那個地方完全變成一個公園式的遊樂區，遊客非常多。原來中國文人在欣賞庭園時，是有一定的文人階級之意境的，但現在中國大陸把文人的住宅佈置成公園，氣氛就完全不對了，一會兒這裡有小孩哭叫著媽媽，一會兒那裏裡有年輕人放著錄音機，聲音吵雜得令人無法體會任何的美感。我想若是光靠那些存在那裡的庭園佈置，想達到美感效果是不可能的。

吳：當我看到小林秀雄氏對蘇州庭園的批判時，覺得十分吃驚，因此去查閱一些明治時代日本人的中國旅行紀錄，發現他們對蘇州庭園的評價也不是很好。我曾聽王詩琅先生描述他青年時代去杭州西湖的情形，他說到了上海之後，他特地去看這個人盡皆知的名勝，但結果使他大失所望，他說比日月潭還不如。

若林：我認爲，不管是名園或名湖，若要讓後人同樣享受到當時文人所感受的美感，一定要準備許多當時的「環境」，才可能復原出當時的美感情境。現在是「人民共和國」啦，經過文革的破壞，其中有許多遺跡已無法恢復原狀。倒是後來在廣州的一個古老的飲茶店，我發現到中國文化的「美感」，那個老飲茶店頗能讓我享受到中國人的「生活」。

吳　：不知您去過鼓浪嶼沒有？

若林：去了。

吳　：鼓浪嶼的菽莊花園怎麼樣？就是林本源家所蓋的菽莊花園。

若林：那個花園我沒去，假如被恢復了我應該去才對，可能當時還沒有被恢復吧。

吳　：我看過的大陸觀光指南上面曾經介紹這個花園。

若林：我只記得有一個很大的洋樓，裡面住了好幾家人。大陸有很多這種情形，譬如以前日本駐廈門的領事館，到我去時爲止，仍然把它當成廈大老師的宿舍。另外，記得當時，我若一個人走進廈門大學校園時，所有的人都會稍稍停下來打量我一下。後來我乾脆換上當地的人民服，因爲我的臉孔並不特別突出，因此他們就不再注意我了。

吳　：剛到一個陌生的地方時，的確很容易被辨認出來。譬如在東京，我們只要從衣著的顏色卽可辨認出本地人或外地人來，就連琉球來的日本人與東京的日本人，仔細看都可以分辨出來。

若林：服裝的確是一種特徵，不過在中國大陸，只要身穿人民服，騎中國製的腳踏車，要去那裡是蠻方便的，卽使普通話講得不太靈光也無妨。

吳　：也許是中國大陸各省腔調不同吧！他們也許認爲您是那裏來的外省人吧。

若林：不過接觸多了，便會暴露身份，講一兩句話可能辨別不出來，多談一些之後，他們立刻會察覺。

吳　：那麼您在廈門的期間是一直住在他們分配給您的招待所嗎？

若林：是的。

若林：在大陸期間的生活，讓我深深體會到工作效率低、官僚主義普遍存在的事實，典型的日本人在那裡做事，是會很苦的。不過，負責接待我的人是很誠懇的。這好像很矛盾。他們給外國人的印象，並非不好，只是制度以及制度運作非常官僚主義。也許是時間久了，對那裡的朋友的回憶愈是良好，總覺得大陸是一個有人情味的社會，特別是那種人情味，在日本社會已經全然消失了。不過，我所說的「人情味」，在大陸與日本有不同的層次。

吳　：我聽過一位曾經住過台灣一年的日本朋友說，他不喜歡台灣社會，因爲台灣社會開始做事時很難，而且人與人之間非常具有攻擊性。不過當對方把自己當成朋友之後，事情就非常好辦。但在這之前，那種攻擊性實在令人不敢領教。相反的，日本人在初次見面時，雙方都相當謹慎，辦事情比較容易，但以後雙方的關係也不會進展很快，大概還是彼此保持適當的距離。不知道中國大陸是否也讓您留下這種印象？

若林：因爲我一直未二度訪問廈門，情況並不十分清楚，但由想像上可以肯定大陸也是一樣。我在大陸的經驗是，事情的運作不是靠規則進行卽可，辦事情時「人的關係」很重要，人與人之間靠熟識度建立彼此的信任，有熟識的信任才可能做事。因此，與對方「熟不熟」成了很重要的關鍵。

我曾經有過一次非常吃驚的經驗，那就是我在廈門待了三個月之後，快離開前的某日下課時間，有某君告訴我：「我們已經瞭解您是眞正的學者，可以信得過！」我一聽非常驚訝，也就是說我剛到的兩、三個月中，他們是不相信我是來從事學術活動的。我當時的確非常驚訝！

後來我才明白他們基本的想法。原來大陸的中國人是不相信表面名義的，他們認爲我的表面名義是日本學者來此地研究，但背後可能另有目的。

吳　：我想中國人對外地來的陌生人，恐怕不太容易相信吧！

日本人初次見面時，首先是互遞名片，在這之前雙方似乎都無法開始交談，等到互換名片而確定彼此的角色後，便就名片所指示的基礎訊息開始交談。像這一套日本人的習慣，在中國社會恐怕仍然行不通吧！

若林：由於最初兩個月的工作進行的很不順利，我很不滿意他們的工作效率，於是我開始出去旅行，二、三個星期之後我突然有「意外」的想法，我最初想也許是我們日本人不對，因爲我們日本人的「自我」太小或太弱的關係，日本人已經太習慣於服從規則了。

在日本的餐廳所看到的服務生，我們只能看到他們代表公司對顧客服務的「統一表情」，完全看不到一點代表他們個人的神色。但在中國大陸的餐廳中，我們看到每一位服務生都充滿了他「個人」。

後來我想也許是我們日本人過度強調職業上的公式規則，造成過份的單一、規則化吧，反而開始有點羨慕中國社會突顯的「個人」性，因爲這樣可以很自由的表現自己。

吳　：日本社會中的任何人際關係都有一個「標準答案」，比如你是一名教授，就必須「像個教授」，若是不像就會受到壓力。

日本社會的制度，已經非常自由及開放，但個人在這自由、開放的制度底下又被綁死了。日本這個社會可以有一千種、一萬種職業，但你一旦選擇了某一種職業之後，就會被該種職業「規定」了。而在中國大陸可能只有十種選擇，但在這十種選擇中可能各自另有「可能性」。

若林：我曾經有過比較具體的經驗，在廣州時我曾住過華僑大廈，在大廈的各個櫃台有許多服務員，我經常看到這些服務員在櫃台後面讓自己的小孩吃飯，或是在工作地點做自己的家務事，我當時看了非常不順眼。後來想一想，又覺得這也許也算是另一種方式吧！並不一定要把自己的規矩套在別人的身上。

當然，這也表示大陸社會並未確立職業規則。由現代化角度來看，這是值得批評的現象，像私自讓小孩在自己服務的飯店吃飯，是會影響服務的品質，同時也對社會的現代化產生負面影響。

但，由「個人」的角度來看，這是非常值得羨慕的情形。對日本人而言，在工作場所還能表現「自我」，那是非常值得羨慕的。

吳：我想這是您對已經相當固定化、模式化的日本社會的一種逃避吧。其實中國人就是因爲如此，而經常被認爲「公私不分」。

若林：由壞的方面想，是可以這麼說。

吳：我想這是由於您個人對日本社會感到厭倦的關係吧。基本上中國人的「公私不分」，仍然是必須改革的問題。

若林：這基本上有壞也有好。像您剛才所說的日本是一個已經定型的社會，這社會有好的一面，也有不好的一面。我有時候就覺得很悶。

吳：就是很悶，所以您才逃避那種「很悶」。

若林：不是逃避啦！這是一種命運嘛，我已經接受這種事實了。

我在大陸待了將近四個月，回到日本之後才突然感覺日本社會有許多太過分的地方，有許多地方太講究效率、過度講求組織，使這個社會當中個人的空間太小了。雖然相對的有許多選擇，但就如您所說，一旦選擇之後就要受種種限制。

吳：也就是這樣，「管理社會」的問題才會是日本的重要問題，而在中國那個地方……。

若林：政治管理才是主要問題。

吳：就是這樣。

若林：中國的管理仍然很落後，常常在過程當中加入許多人爲阻礙，因此爲個人保有許多空間。但他們亦無法避免因管理上的人爲失誤，導致一些原來可以避免的災難。

吳：幾個月前發生的造成日本高中學生廿八人死亡的上海列車相撞事故，應該就是非常典型的例子。到目前爲止，該列車何以會開倒車而與貨車相撞，仍然令人難以理解。

若林：由大環境的因素可以想像到車禍的原因。我親身體驗後才知道，大陸的交通太緊張了。

吳：您所謂的「緊張」是什麼意思？

若林：也就是負荷太重。在硬體上如此，軟體上的管理效率及工作人員素質也都有同樣的問題。

因爲中國大陸正想把經濟搞活，經濟的活潑化帶動流通加速，一下子使得交通負荷增大。膨脹過快的經濟活動，通常會帶來重大的交通事故。

在日本經濟開始高速成長時，也經常發生重大的列車事故。比上海列車相撞事故更大的車禍都曾發生過，一時還成爲嚴重的政治社會問題。經過兩、三次經驗之後，透過改善制度、技術的缺失，以及加強人員訓練、管理，才解決這個問題。

現在日本的電車即使每分鐘發車，也不至於發生重大問題，我想中國社會也必須經過這種過度膨脹的階段，等到管理及技術的問題解決後，才可能減少不必要的車禍。

吳：您在中國國內有沒有搭過飛機？

若林：有。

吳　：有一位研究中國史的老學者曾經說過他在中國國內搭飛機的情形，那簡直像「奇聞」一般。他說，飛機幾點起飛完全沒有人知道，這是眞實的情形嗎？

若林：是眞的。我來談談我的經驗吧。在我結束廈門的工作後，我開始北上旅行。由上海到北京，我是搭飛機去的，情形蠻順利的。不過現在回想起來，那是一次很「意外」的順利。當我由北京要飛往西安時，由於有陪同人員代爲買票、訂票，因此很順利，當天到機場時又有人送，過程也很順利，由通關、檢查一直到候機室都非常順利。沒想到，在候機室等了很久，候機的旅客開始一個個的走開，有人說：「飛機不飛了！」我起初不相信，因爲候機室的服務人員並未正式說明，我仍一直等在那裡，直到只剩下二、三個旅客時，我開始緊張了，我去問服務員怎麼回事，他說：「飛機不飛了呀！」我就說：「那怎麼辦呢？」他說：「你明天來吧！」我又說：「那麼我今天晚上住在那裡？我的住宿發生問題呀，既然飛機不起飛了，那你們有責任爲我安排今天晚上的住宿。」他們竟說：「這是自然條件發生變化，我們沒有責任。」

吳　：所謂的「自然條件」是指什麼？

若林：他們是說，西安方面天氣發生變化，由於氣候不好使得飛機無法降落，因此飛機不飛並不是人爲造成的，他們無法負責任。

吳　：這就是中國話所說的「非人力所能抗拒」的狀況啦！

若林：不過我沒辦法啊，發起火來大聲的要求對方負這個責任，重複的說了幾次之後，旁邊有一個女服務員出來說情，認爲我是外國人應該給予協助，於是由他們聯絡首都機場賓館，但得到的消息是說，三樓以上的房間沒有水，住進去的旅客不能洗澡，而且我能住的只有六樓的房間。我聽了也只得將就，因爲已經沒有其他辦法了。

但怎麼去呢？打聽之後才知道可以坐機場外邊的交通車。到了旅館後，住進房間才發現還是有水嘛！

這個事件讓我以後學會採取積極爭取的態度，同時也令我的中國話進步不少。

我在日本社會至今仍未有這種大聲爭論、積極爭取自己權益的經驗。結果，我經過兩天的折磨之後，對西安失去興趣了，我往南搭火車到南京去。

在南京時又發生意外，因爲我是透過國際旅行社的安排，在北京訂票時卽要求旅行社派人到車站接我，由於經過許多折磨，已經令我沒有精神再應付突然的變化，因此我決定花錢消災，讓旅行社的人替我帶路。

但下車之後，發現並沒有人來接我。後來只得問剪票口的站員，他說在月台上有一個國際旅行社的分社，於是我就走過去問問情形，裡面的社員翻開登記本子查看，發現並未登記當天有接客人的業務，他們的解釋是：「昨天是星期天，所以電報沒送到。」

可見通過這種旅行社的服務，仍然會發生許多錯誤。我想許多回去大陸探親的台灣旅客，大多已有許多「豐富」的經驗吧。

吳　：那位有「經驗」的老學者還說，外國人可能好些，本國人搭飛機有時根本不知道要等多久，乘客只得天天到機場等，直等到有機位爲止。有更壞的情形是，好不容易等到有機位了，另有一位特權的高幹也要搭機，此時只得將自己的機位讓出。我實在不敢相信有這種事情。

若林：有！我一九八五年在廣州時，亦會險些發生不能登機的事。因爲機場沒有廣播，飛機的登機門在第幾號沒有人知道，因此在登機的時候要非常小心看周圍的動靜，才能掌握自己要搭的飛機時間及登機位置，在候機室等二、三個鐘頭是常有的事，若是沒有陪同人員就更摸不到邊了，對於這些陪同人員來說，送客人搭飛機也是一件很辛苦的事，一般對機場不熟的人根本行不通。大陸是一個充滿不確定感的社會。

中國政府已經花了許多力氣以減少外國人的不確定感，對於一般的老百姓而言，只有忍受那種不確定感，他們的不滿也就可想而知了。

2. 中國大陸的台灣人

吳　：您曾於「廈門通信」中提到「台灣籍民」問題，是否可以再談一些在中國大陸的台灣人問題。

據我所知，於一九四五至一九四九年間，有一些台灣人到中國大陸，這批人在中國大陸的世代分佈又如何？

若林：現在於大陸的台胞中，已有許多人是生於大陸長於大陸的，特別是年輕一代的台胞，幾年都是土生土長於大陸。……至於，他們的世代分佈，我並不十分清楚。

吳　：除了戰前卽已到大陸的台胞之外，在戰後初期和一九五〇年代都曾有台胞前往大陸，另外於文革期間在「回歸」的口號下，也有一些人從海外到大陸去。依您本身的接觸，這幾個階段分別到大陸去的台胞，有什麼分別嗎？

若林：一九五〇年代去的，差不多都是知識份子，受大學教育的人很多，而且其中有許多人與日本有或多或少的淵源。這些人在反右運動、文革時期都曾遭到迫害，也就是說他們在政治上的遭遇，極爲悽慘。但是他們之中除了情況比較壞的人之外，都儘可能讓自己的下一代受較好的教育。也因此，自從大陸開放出國之後，台胞的子弟當中有許多人到日本來。

吳　：我也碰到好幾個。

這種台胞的職業分佈大約如何？

若林：就我的認識範圍而言，他們之中有許多人是在大學或公家機關工作，基本上仍是知識階級，但這是指五〇年代去大陸的。在這之前的還有一些台灣的「解放戰士」、農民等台胞人士留在大陸。

吳　：台胞都住在城市嗎？

若林：差不多都是。

吳　：您能不能說明一下，爲什麼五〇年代初期，會有一批台灣人由日本到大陸去？

若林：當時到大陸去的台灣人，並不是都是由日本去的。但當時由於有些日本人仍留在中國大陸，因此雙方依據撤退的協約，而有幾次遣送日僑的往來。當時載著日本人回日本的船隻，於返航時卽帶著一些在日本的中國人（包括台灣人），以「歸國華僑」身份回大陸去。

吳　：我在東京曾碰到一些大陸來的二世台胞，他們的父親都是在五十年代初期，由日本去中國大陸的。

其中的一個例子，他的父親戰前在東大讀書，並且與日本女子結婚，五〇年代初期才帶著家小到大陸。據說他父親之所以選擇到大陸去，是因爲台灣發生過二二八事件，使他父親不敢回台灣。他父親到大陸後，即在大學裡教英文，算是相當高級的工作。

他在文革期間被下放到內蒙古「修補地球」（下放青年戲稱他們的勞動是在「修補地球」），後來自己上進考入大學，四年前到東京來留學。

我想他是很具代表性的例子。

若林：一九七九年之後，中共對台胞卽有優待政策，鄉下的台胞若要建房子，縣政府會代爲張羅，配給他們建設房舍必需的木材。這種新聞報導，在我滯留廈門的時候經常出現在報紙上。

吳　：我記得邱垂亮先生曾寫過一篇文章，描寫他在大陸遇見台胞第二代的印象，他說這些第二代台胞與台灣的年輕人不同，比起台灣的年輕人，大陸的台胞第二代要顯得「老成世故」。關於這一點，您有沒有相同的感覺？

若林：我到北京時，曾接受「全國台胞聯誼會」的招待，我當時因已去過台灣二、三次，他們想聽聽我對台灣的看法，吸收台灣的新消息，因此特地開了一次座談會，請我做了一場演講。在參加座談的台胞之中，除了幾位《台聲》雙月刊編輯是年輕台胞之外，其他都是老一輩的台胞。由那幾位第二代台胞身上，我感覺不出他們是台灣人，倒是老一輩的台胞，仍然保存著與台灣相仿年紀（五、六十歲）的世代類似的氣質。可是，年輕的台胞，幾乎與當地的北京人沒兩樣，而且他們也不會講台語。

吳　：我在東京所認識的台胞二世，也完全不會講台語。

若林：在北京的時候，聯誼會派一位年輕小伙子來接待我，他也是滿口北京話，捲舌音發得尤其標準。他說他的父親還是東大經濟系畢業的，不過也與當時大陸知識份子的命運一樣，抑鬱不得伸，只得在大學裡教日語。

吳　：現在在中國大陸，到底有那些台胞的組織，除了剛才您談到的台胞聯誼會之外。

若林：另外還有一個「台灣民主自治同盟」，還有「台大同學會」，這是我所聽過的三個台灣人組織。

吳：「全國台胞聯誼會」（台聯會）與「台灣民主自治同盟」，在性質上有什麼差異嗎？

若林：它們之間是完全不同的。「台灣民主自治同盟」（台盟）是一九四九年，由謝雪紅、廖文毅所組成的，而「台聯會」是至一九八一年才成立的。目前「台聯會」比「台盟」還活躍，成員也較廣泛。基本上，「台聯會」是一個群眾組織，在對台胞的平反工作，推動政策落實上相當努力，因此也是一個有群眾基礎的組織。他們也經常透過海外的親友，舉行各種拜訪活動，比起其他的組織來，他們是蠻活躍的。

吳：台聯的負責人是什麼人？

若林：林麗蘊。他是由日本去的台灣人，現在是中共的中央委員。

吳：一開始就由他擔任嗎？

若林：是的，一開始就是他。

吳：現在「台盟」的狀況如何？

若林：現在的情況如何，我不十分淸楚。

吳　：是不是「台盟」現在反而比較不活動了？

若林：這些台灣人組織，都經過反右、文革的折磨，對外也失去群衆基礎，內部也有些矛盾。

吳　：「台盟」好像也是「民主黨派」之一，是嗎？

若林：是的，因爲他們曾參加中華人民共和國的建國，因此在大陸具有歷史的基礎。但是，經過二、三次的政治運動後，「台盟」內部形成分歧、軋轢，以致發揮不了什麼大作用。

吳　：有關台胞團體的雜誌、報刊有那些？

若林：我只知道台聯會的《台聲》雜誌。

吳　：那「台盟」沒有自己的刊物嗎？

若林：我不知道。因爲我在大陸接觸的人多是「台聯」的人。

吳　：謝雲紅是屬於「台盟」的人？

若林：她是「台盟」第一任主席。

吳　：您曾提過，陳若曦所寫的「老人」，可能是蘇新？

若林：我覺得是。

吳　：那據您所知，蘇新在中國的經驗如何？

若林：當時台灣的左派人士當中，有許多人到大陸去，剛開始時他們可以說是在等待解放台灣，想以勝利者的姿態，與共產黨一起回台灣。但五〇年代韓戰爆發後，國際情勢改變了，中共只得將這批台灣人安排到各地去工作，蘇新後來被安排在廣播電台工作。台灣人在中共的權力結構中，仍然不能扮演舉足輕重的角色，頂多是一個中級幹部而已。

吳　：在日據時代比較有名的台共份子，像謝雪紅、蘇新、李應章等人，這些人在中國大陸的遭遇似乎並不挺好。

若林：我也聽說過一些比較悲慘的例子。由於這些台共份子在日本統治時期本來就有派系鬥爭，他們跑到大陸去之後，並未解決內部鬥爭的問題。這與謝雪紅的個性有關，像李應章即與謝雪紅合不來，又像蕭友三即在內鬥時被逼瘋了。

這些都只是很零散的消息，但很可能是事實。

也許，他們當年是因為看到大陸「人民戰爭」的勝利，覺得「社會主義祖國」前途光明，又因為在台灣受到壓迫，才決定跑到大陸去。但由他們的遭遇看來，他們對大陸所代表的「光明」，已經感到破滅！事實證明，大陸的政治現實是非常殘酷的。

吳：像謝雪紅這批人，也與就如您所說的，他們曾經看到大陸像東昇的太陽一般，對大陸帶有極大的幻想，後來也因此失望很大。

我剛才提到我的那位「台胞」朋友的父親那一輩（五、六十歲）當中，現在聽說對中共又有期待了，認為中共也正在進步，是嗎？

若林：還早啦！

吳　：還早！哈哈⋯⋯

若林：我最近也在東京碰到一個在大陸出來的台灣人，她在大陸一家名不見經傳的學校教日文，她這次來日本之後，不太想回大陸，想回台灣又大概不行。剛見面時，我以爲她還會向我宣傳大陸的統一政策，後來熟一點了，她竟對我大罵共產黨。很有意思的是，她在東京與在台灣做生意的哥哥見面時，兩個兄妹都各自批評海峽兩邊的政府，哥哥大罵國民黨，妹妹則堅持說，無論如何共產黨是比國民黨壞上一百倍。眞是絕透了！

吳　：據說，在五〇年代流行一種看法：大陸雖然對共產黨失望，但對國民黨卻完全絕望。看來現在情況不一樣了。

若林：在文革之後，情況就不是這樣了。中國大陸的人民對共產黨「看透了」，對國民黨還算可以容忍。尤其是，經歷過文革、反右鬥爭的人，更是有很深的感受。不過，大陸的台胞人士或一般人也一樣，都希望自己的子女在學識上求上進，在文革期間仍然讓子女偷偷的學習，結果文革結束後這些人卽順利的考上大學。

而且我相信，文革後考上大學的，升學率以台灣人子弟佔最高位。當時也許他們並不認為有這樣開放的一天，只是想讓子女有學習的機會，將未來的希望放在子女的身上，沒想到在鄧小平的開放政策下，這些人的子女都能適時進入大學，也因此多半能掌握較有利的出國機會。台胞的成就絕不是因為中共的優遇政策，主要是由於他們在絕望之中，仍不忘暗中累積實力。

吳：這大概是他們的父母本來就是知識份子，相信知識甚於相信權力鬥爭吧。

3. 中國大陸的台灣研究

吳：我們來談談大陸的台灣研究吧。除了廈門大學的台灣研究所之外，大陸是否還有其他的台灣研究機關。

若林：最先成立的是廈大的台灣研究所，之後在北京社會科學院中，又成立一個台灣研究所，我尚未訪問過北京的台灣研究所，不過聽說北京方面比較偏向政策性研究，它的副所長李家泉，即經常發表一些政策性文章，來反駁一些人士所提倡的「大中華邦聯」、「一國兩制」等說法，蔣經國先生逝世後，他也發表一篇「蔣經國之後的台灣政局」（《北京週報》一九八八年四月十二日），分析台灣未來的發展。我想中共當局，是透過這個研究所在觀察台灣的狀況。

吳：除了這兩個台灣研究所之外，還有沒有其他有關台灣研究的機關？

若林：據我所知是沒有。不過在廣州的中山大學之內，設有一個「港台文學研究所」。也許其他地方還有研究台灣文學的機構，特別是福建的社會科學院。

吳：從您的通信來看，您並不認爲大陸的台灣史研究有太了不起的成果。

若林：是的。我覺得反而是文學研究比較活潑些。

吳：廈大台灣研究所的歷史研究，很大的一個主題是鄭成功研究。在廈門做鄭成功研究有地利之便。譬如，他們可以從事鄭成功史蹟的戡考工作，在鄭成功的家鄉或活動地區找尋流傳下來的相關資料。例如，《海上見聞錄》、《靖海紀事》等明末清初的史料都找到新版本或傳鈔本，重加校訂。（阮旻錫原著、廈門鄭成功紀念館校《海上見聞錄定本》，福建人民出版社，一九八二年。施琅撰、王鐸全校注《靖海紀事》，福建人民出版社，一九八三年）。長久以來便被研究明鄭的學者注目的楊英《從征實錄》，也發現新的傳抄殘本，陳碧笙根據這個新發現的殘本，校補了不少舊有抄本的訛誤和缺字。（楊英撰、陳碧笙校注《先王實錄校注》，福建人民出版社，一九八一年）。另外，他們也在鄭芝龍的故鄉石井鄉找到鄭氏宗譜。

除了民間的資料之外，明清檔案資料也是他們可以開發的範圍，廈大台灣研究所與北京的第一歷史檔案館合作編輯的《鄭成功檔案史料選輯》（福建人民出版社，一九八五年）、《康熙統一台灣檔案史料選輯》（福建人民出版社，一九八三年），便有不少珍貴的史料。

戰後的一段時間裡，台灣也曾有過鄭成功的研究熱潮，但是近年來由於研究的視野沒有明顯的突破，一般史料的開發也碰到瓶頸，因此沈寂了下來，相較之下，目前廈門大學方面比較積極。或許是看重上述史料上的因素，幾年前荷蘭的萊頓大學找上廈大進行合作研究計劃。

不過，如果就廈門舉辦的幾次鄭成功紀念會中所發表的論文（廈門大學歷史系編《鄭成功研究論文選》，福建人民出版社，一九八二年。鄭成功研究學術討論會編《鄭成功研究論文選續集》，福建人民出版社，一九八四年）來看，他們的研究水準並不是很高，而且有很強的政治臭味。

其實，如果台灣的研究者充分應用大陸所編輯出版的檔案資料，盡力地開發故宮及史語所的檔案資料，再加上荷蘭、英國、西班牙、日本的原始資料，擴大視野，應該可以做出相當出色的研究來。不但是鄭成功研究，整個台灣史研究，都必須克服傳統依賴漢文史料和侷限於中國史視野的框架。

若林：我在廈大時，他們也有人在收集、研究族譜。

吳　：他們收集的族譜當中，有關台灣的部分已經出版。（莊爲璣、王連茂編《閩台關係族譜資料選編》，福建人民出版社，一九八五年）

若林：他們也在進行地名的研究，到目前還沒出版。

吳　：我想對他們而言，地名研究並不容易吧。因爲地名研究一定要依賴現地調查，如果勉強從文獻資料中拼湊出結果來，水準也一定不怎麼樣。

對於大陸做出來的成果，我還是最重視他們的資料。他們還可能發現一些久已失傳的書，譬如曾經是清代台灣史研究界中大家遍尋不著的蔣毓英《台灣府志》，數年前已在上海圖書館中被發現了。前些年我們在東大小島晋治教授的課上一起解讀的陳盛韶《問俗錄》，也是重見天日的資料。

另外，他們還編一些資料選輯，例如：中國社會科學院歷史研究所明史研究室編《清代台灣農民起義史料選輯》（福建人民出版社，一九八三年），劉如仲、苗學孟編《台灣林爽文起義資料選編》（福建人民出版社，一九八四年），福建師範大學歷史系、福建地方史研究室編《鴉片戰爭在閩台史料選編》（福建人民出版社，一九八二）。不過就質與量來說，還是以中國人民大學清史研究所和第一歷史檔案館合編的《天地會》最可觀，目前已出版六冊合計近三〇〇〇頁（中國人民大學出版社，一九八〇—一九八七年）。

至於具體個別的研究水準，並不見得很好，陳碧笙的《台灣地方史》（中國社會科學出版社，一九八二年），算是他們最好的一本台灣通史了，但也只吸收了大概十五年前爲止的文獻委員會的研究成果而已，近十五年來台灣的很多突破性研究成果，並沒有來得及趕上。

他們最近也經常開會紀念歷史人物，因此也有一些這種歷史人物紀念會的論文集或個人傳記，例如：蕭克非、仲冲、徐則浩編《劉銘傳在台灣》（上海社會科學院，一九八七年）；姚永森《劉銘傳——首任台灣巡撫》（時事出版社，一九八五年）；吳宏聰、張磊編《丘逢甲研究》（廣東人民出版社，一九八六年）；徐博東、黃志萍《丘逢甲傳》（時事出版社，一九八七年）；施宣圓、吳樹楊《劉永福》（上海人民出版社，一九八六年）；楊萬秀、吳志輝《劉永福評傳》（河南教育出版社，一九八五年），這些作品仍然不脫爲人立傳或臧否人物的「評價史學」的窠臼。

除了單篇的文章之外，就我看到的台灣史論文集當中，廈大台灣研究所《清代台灣史研究》（廈門大學出版社，一九八六年），算是比較好的，但眞正具有創見的好文章也不多。至於另一本論文集《台灣民族歷史與文化》（中央民族學院出版社，一九八七年），就沒有幾篇好文章了。不過，李祖基的《近代台灣地方對外貿易》（江西人民出版社，一九八六年），卻是少見的力作。如果以研究的專題來看，我覺得他們對土地所有權問題的研究論文，水準比較整齊（最近出版的楊國楨《明清土地契約文書研究》也以不少篇幅談台灣的大小租問題）。這可能是因爲他們整個史學界對土地所有權的研究，已有比較好的基礎。不過一般來說，他們並沒有「台灣史」的觀念，只是把台灣的事例拿來，採用他們從事中國史研究的方法和理論，往上套就是了。我認爲，如果以較嚴格的眼光來看，中國大陸是沒有台灣史研究的。

若林：研究一個地方的歷史、社會，一定要認知它的「privacy」，若是不能進入它的意識當中，卽無法掌握該地方的歷史研究。若是有意忽視這種「privacy」，則會發生脫節的現象。

把台灣納入中國史的歷史仍然很短，而且在近代史的經驗上，海峽兩岸實際上是分離的。事實上，台灣本身卽具有與大陸不同的因素，若是不能掌握台灣特有的因素（卽「privacy」），則台灣研究將成爲不可能。大陸的學者似乎並不承認台灣研究所具有的這種特性。

吳　：大陸的學者一方面是不承認，另方面可能也未感覺到這個問題。

若林：我覺得大陸學者並不是故意忽視這方面，主要是因爲他們受國家政策的限制。另外，他們做爲一名台灣史研究者卻無法到台灣去，這是他們最大的苦悶。在我碰到的幾個較像樣的學者當中，他們幾乎都抱怨，因爲不能去台灣使得他們無法深入瞭解台灣。

吳　：我覺得中國大陸在對台灣民族學的研究上，是很差的一部份。因爲，這是不能缺乏現地研究調查工作的分野，他們這方面的研究成果，幾乎一直停留在林惠祥的程度上。

若林：但是他們很崇拜林惠祥啊！

吳　：林惠祥的程度只能算是戰後初期的研究水準。由於他們將「高山族」視爲少數民族，因此在一些關於少數民族的叢書中，會有一、兩冊關於高山族的小書，但是水準都相當差，從目前台灣的研究水準來看，那簡直是笑話。有一本小書的書名是「鄭成功與高山族」，這本書的書名相當象徵性地反映了大陸對台灣的印象，一是鄭成功、一是高山族。

您在「通信」中談到他們相當努力於台灣文學的研究，我認為他們在文學研究方面的水準，遠較歷史研究整齊。

若林：文學研究或許比較好做吧！資料上也比較好掌握，尤其是現代文學。

吳　：大陸的台灣文學研究，偏重現代文學，但還是有一些研究上溯到日據時期。他們的研究方法相當傳統，而且帶有介紹性質，他們編選的小說集便有這種用意。不過從兩屆台灣香港文學學術討論會的論文選《台灣香港文學論文選》（福建人民出版社，一九八三年）、《台灣香港文學論文選》（海峽文藝出版社，一九八五年）及王晋民、鄺白曼編著《台灣與海外華人作家小傳》（福建人民出版社，一九八三年）、封祖盛《台灣小說主要流派初探》（福建人民出版社，一九八三年）、汪景壽《台灣小說作家論》（北京大學出版社，一九八四年）、王晋民《台灣當代文學》（廣西人民出版社，一九八六）、黃重添《台灣當代小說藝術采光》（鷺江出版社，一九八七年）、白少帆等主編《現代台灣文學史》（遼寧大學出版社，一九八七年）、包恒新《台灣現代文學簡述》（上海社會科學院出版社，一九八八年）等書來看，他們是相當努力，而且涵蓋的面也很廣。

若林：他們也相當吸收台灣的研究成果。

吳　：看來，大陸的台灣研究有以文學研究為主之勢，台灣本身則以歷史研究比較具有傳統，文學研究的成果不多。到目前為止，在台灣我們甚至還很難找到幾本研究近現代文學的專書，這與大陸的情況正好成對比。

4. 日本的台灣史研究

吳　：「廈門通信」刊出之前，我向台灣讀者介紹，說您是日本研究台灣史的第三代學者，如果您同意這種分類方法的話，是否可以談談，所謂的「第三代」具有怎樣的特性？

我大致把戰前在台灣教書，戰後回到日本仍然從事一點台灣史研究的學者，歸類為第一代；六〇年代至七〇年代初期，以台灣留學生為主，陸續出版台灣史相關作品的一批學者爲第二代；而把您這個年紀的人稱爲第三代。在介紹文中我曾說，第三代的特徵是：在他們的生涯中並沒有台灣經驗，同時又都是所謂的「戰後世代」。據我的觀察，這些人都是由反日本殖民地統治開始的。依您的見解，這些第三代台灣史研究學者，在取材角度、研究方法、研究取向上，具有什麼特色沒有？

若林：由於在日本做台灣研究的學者人數很少，所以很難說明這幾個世代的不同特色。如果就近代史研究來說，二次大戰前卽有矢內原的書（矢內原忠雄《帝國主義下的台灣》岩波書店，一九二八年）問世。就學術的角度而言，日本是直到第二代才出現能與之相提並論的水準；當然，矢內原的某些具有特色的觀點，是往後第二、第三代都未能超越的，但在基本的學術水平上，第二代已經能與之並駕齊驅了。代表這個世代的學術水準，我們可以舉出劉進慶著的《戰後台灣經濟分析》（東京大學出版會，一九七五年）。如果以後有人把日本的台灣研究作一個回顧的話，戰前將以矢內原的那本書爲一個時代的里程碑，戰後則將以劉進慶的書爲另一個里程碑。

我認爲，學術研究的出發點是由第二代開始的，但是第二代中並無日本學者，所以第二代與第三代很難比較。

吳　：第二代學者中並無日本人學者這個事實，代表什麼樣的意義？

若林：這代表日本學者對台灣史似乎一直沒有興趣。從日本近代經濟史的觀點，把台灣史研究當作帝國主義史的領域，雖然戰後學界也把台灣當做其中的部份對象來研究，而且質量都相當不錯。但是把台灣歷史當成主要研究對象者，卻一直未出現。直到第二代從事台灣歷史的學術研究後，第三代才在他們的引導下，對台灣研究發生興趣。

吳　：您剛才提到，戰後在日本資本主義史或日本帝國主義史的範疇當中，仍然有不少學者將台灣列爲研究對象之一，但也許他們並未把重點放在台灣本身，而只是爲了瞭解日本帝國主義。除此之外，我覺得日本學者也有偏重朝鮮殖民地，冷落台灣殖民地之嫌。

不過，我認爲整個日據時代台灣史研究要更深化的話，還是必須從加強日本史研究開始。在我看來，最近純粹性的台灣近代史研究，並未出現太多突破性的觀點，反而是在日本近代史、日本帝國主義史、日本資本主義史的範疇當中，爲我們開拓了許多突破性的視野，帶來新的啓發。

如果要我建議的話，我會鼓勵大家先打好日本近代史的基礎，再投入台灣殖民地史的研究。就像我目前正在做的明治三〇年代的研究，小林道彥的〈一八九七年高野台灣高等法院長非職事件——明治國家與殖民地領有〉（《中央大學大學院論究——文學研究科篇》一四—二）〉不論在史料的開發或視野的開展上，都對我有很多啓發。

另外，有關明治三〇年代與一九二〇、三〇年代日本資本主義史的研究，也都是要瞭解當時台灣史非常重要的參考作品。因爲，那時的台灣是屬於大日本帝國的一部份，當然也就無可避免的需要瞭解當時的日本情況。

若林：我在《台灣抗日運動史研究》的後記中也提到，說台灣史的研究是一個學際性很高的部門，所以研究台灣史的學者，幾乎都要感嘆自己對日本史、對中國史知識的不足。也就是因爲帶著對這些領域的知識不足的「不安」，自然而然容易因自己偏向某個方向後，而不易分辨出是屬於台灣史專家，還是日本史學者。

如果以比較嚴格的標準來說，研究台灣近代史的學者應該也要能看得懂日本的公文書，而且程度必須與日本學者相當，才可能有新的突破。至於研究戰後政治史，對於中國的近、現代史除了應具有一般性的瞭解之外，也要深入的瞭解官場文章、政治行爲模式等，才可能全面掌握。所以我覺得戰後台灣政治史的研究，如果本身不是在中國文化的環境下成長的，根本沒辦法做。所以，理論架構方面的準備便相對地相當重要。

吳：戰後史的話，還要考慮美國的因素，在許多關鍵問題上，美國掌握了重要的變數。

我們回到剛才關於第三代的話題。現在第三代學者已漸漸長成，開始要獨當一面往前出發了。您對第三代目前的研究，以及其中幾位較重要的人物，是否有什麼看法？

若林：您說第三代，或許有些人聽了會誤以爲第三代有很多人，其實也只有幾個人而已，並且這幾個人是否具有集體特性，實在非常值得懷疑。

吳：是否可以一個、一個個別談談？

若林：方便嗎？

吳　：他們比起第二代來，在問題的關心上是否有什麼差異？因爲，第二代幾乎都是台灣人，而第三代又幾乎都是日本人，這批日本人爲什麼選擇台灣史研究呢？

若林：這之間並沒有什麼必然的關係，這只能說是日本社會的人材資源分配所導致的結果吧！我卽是一個例子。我個人與台灣並沒有什麼關係，我是考上東京大學國際關係科之後，在大學裡學中文，才開始對中國文化感到興趣。至於將研究什麼題目，事實上並未有主意，直到畢業論文提出期限將近時，由於學長的介紹開始對台灣發生興趣，最後我選擇以台灣爲畢業論文題目。

就我們第三代來說，對台灣發生興趣並沒有特定的因素；就整體社會來說，有幾位學者對鄰國發生興趣是必然的，但對個人而言，並不是必然的，而是偶然的。

吳　：雖然如此，我仍覺得當初之所以會有一批人選擇研究台灣，應該有當時的時代氣氛，是當時的時代氣氛令這批學生選擇研究殖民地問題嗎？

若林：戰後日本的學生運動，我們這一代算是最後一批，我們都受到當時學校中批判精神的感染，表現了校園中應有的批判精神。因此很自然的，對日本帝國主義過去所做所爲，會產生興趣。我承認這一代確實有這種傾向。

吳：我也認爲有這種傾向。當然，經過長期的研究生涯後，這些已經成長爲學者的一群，或許已經不再把研究當成意識形態的表現，而將之視爲一種職業吧！

第一代他們在戰前所做的基礎學問累積，本來就與殖民地有關。例如，他們當時可能專研台灣農村社會，回到日本後自然繼續戰前的研究。

我之所以提到這個問題，是因爲台灣也存在著世代的問題。在陳其南、林滿紅、陳秋坤等新世代加入研究者行列之前，台灣史研究園地除了少數在戰前即開始從事研究的人之外，主要還是以文獻會的人爲主。

文獻會的研究者所提出的問題和對資料的掌握，並沒有明顯超越矢內原忠雄《帝國主義下的台灣》、連雅堂《台灣通史》和伊能嘉矩《台灣文化志》等戰前作品。眞正對台灣史研究提出新問題的，是從陳其南這個世代開始的。當然，他們之所以能對台灣史提出新問題的原因之一，是他們的學問訓練主要來自於美國的影響，也可以說當初他們得自於美國的影響遠較日本的多。日據時期以來的學問傳統，在他們這個世代出現時，呈現過斷層。

若林：我本身也是這樣。我對日本第一代的台灣研究，幾乎都沒仔細看。只有矢內原的研究，因爲我認爲是經典作品，所以讀過了。我是由第二代的幾本書出發的，第一代的書我幾乎沒看。

吳　：第二代的那幾本書，有不少並不是專題的研究書，可算是具有通史性質的著作，因此他們已經把前人的研究悉數整理放進書中。

若林：因此，我們可以將第二代的書，當成認識台灣研究範疇的工具，而且他們論文中的腳註，可以做爲我們的研究目錄，非常有用。

吳　：這些書也是一種非常重要的標準，告訴後學者的目標應在這些成果之上，無形中給後學者一個最起碼的標準。相反的，戰後台灣的台灣史研究却沒有一個明顯的標準。

若林：在日本的第二代學者，應該也算是台灣人的研究啊！

吳　：這些人的作品並未在台灣產生很大的影響，我指的是當時，現在當然不同了。當時這些人的研究成果很少流入台灣，所以也就沒有產生太明顯的影響。就這一點來說，是很可惜的，台灣當時並未出現充分總結前人成果的作品，使得一些人不斷以連雅堂、矢內原的作品從事「再生產」的工作。目前還是一樣，我們一方面可以看到突出的研究，另方面也可以看到一些「老生常談」的東西。目前台灣學術界良莠不齊，並未有明顯的標準存在，我想日本在這一點比台灣好。

若林：以我自己的例子來說，我便充分「利用」許世楷的《日本統治下的台灣——抵抗與彈壓》，既當做選材的資料，又當成年表、文獻目錄來利用。我可能是日本人當中，翻閱那本書次數最多的人。當然，翻閱《警察沿革誌》次數最多的，也可能是我。

吳　：第一代的學者當中，也有不少人留下不可磨滅的成績，只是，最近紛紛年老凋謝，像最近去世的岩生成一先生，便是非常有貢獻的學者。

雖然戰後已有四十餘年，但荷蘭時代台灣史的研究範圍中，除了曹永和先生的兩、三篇研究之外，可說停留在日本第一代學者的水準。而且以現在的情況估計，台灣在二十年內不可能培養出一位研究荷蘭時代的學者，也就是說在廿年內，台灣仍需不斷的抄戰前日本學者所留下來的成果。這實在是非常「可怕」的事實！

即使現在來看，日本學者像村上直次郎、中村孝志等先生的研究，仍然是荷蘭時代研究的最高成果。

若林：中村先生的作品，我比較欣賞他取材的資料。他有好幾篇關於「台灣籍民」的研究，我眞佩服他博覽史料的程度。

吳　：中村先生以前只做荷蘭時代的研究，自從他研究總督府的「對岸政策」後，又爲我們走出一條路子來了。他最近編集出版的那本書《日本的南方關係和台灣》（天理教道友會，一九八八年），眞是「力作」。

若林：如果中村先生也包括在第一代的話，我必須修正前面所說的我沒有閱讀第一代學者作品的話。

吳　：兩年前在天理大學與中村先生見過一次面，當我向他提到我正在研究日本政府外籍顧問 Kirkwood 對明治政府治台政策的影響時，他隨即脫口而出地說：「在後藤新平文書當中有一些資料」。他是我所碰到的最內行的學者。他在資料的蒐集、掌握上，下過相當的功夫。「對岸政策」，幾乎是一個沒有既有成果的主題，他可以說是從頭開始的，就這一點便值得尊敬。

若林：台灣的學者常引用林獻堂的資料或者日本學者找不到的資料，其中反應了當時台灣的主要觀念，非常值得我們參考。

張正昌先生寫了一本有關林獻堂的書，其中有許多資料我也引用參考，但是他也沒看到林獻堂的日記，有點缺憾。是不是林獻堂的日記不可能出版？他的日記很重要呢！

吳　：也並不是不可能出版。不過，那是私人日記，如果要出版，一定要經過家屬的同意。

其實，台灣近代史還有太多空白，還有許多基礎工作應該做。例如，類似林獻堂日記這種民間的史料，至今仍未作系統性開發。

我來日本後，從東大日本史教授伊藤隆先生處得到不少啓發。他特別注重史料的批判，透過有效史料的嚴密操作，以政治過程論的角度分析昭和政治史。他不但全盤掌握政府檔案公文書，而且地毯式地蒐集日記、私人信件等私文書，甚至對尙在世的政界人物作訪問錄音。

從伊藤先生做昭和史的例子來看，台灣近代史的研究，仍然是相當粗糙的，還有很多事要做。我曾經看過一部日記，那是一位戰前文化協會會員的日記，從台中中學入學以後一直記到戰後逝世爲止，非常完整。類似這種日記，應該還可以找到。

若林：我做抗日運動史時，最感缺乏的便是您剛才所說的這種資料。因爲，我們靠的主要是總督府警察留下來的資料，而且這個資料本身很「全」，以致於極易掉入陷阱，因此除了靠學者本身的「解釋力」之外，還需靠一些具體資料來把它相對化。通過這種相對化的過程，資料才會產生眞正價値。然而，能造成相對化的資料實在太少了。

吳　：眞的太少了。

若林：為什麼我的研究有時值得檢討，其中的原因之一也就在此。

吳　：對資料的批判，的確是非常重要的。

譬如，在《警察沿革誌》中佔最多篇幅的是共產主義部份，但如果就以此認為當時共產主義運動非常蓬勃，那就是誤解了。

若林：為共產主義者留下最多史料的，要算是《警察沿革誌》了。

吳　：其實，該誌之所以留下許多共產主義運動史料，是由於戰前共產主義運動是絕對的禁忌使然。戰前的「治安維持法」，立法的本意便是針對共產主義運動而來的。在政治上絕對禁止的情況下，很自然的，當時的警察便會對這個運動特別「敏感」，於是花最多工夫來蒐集相關資料。

若林：而且「治安維持法」不只是管制行動，同時還管制他們的思想，所以警政單位需要收集許多資料，以為審判之需要。

吳　：就如您所說的，我們必須靠民間相對性資料的印證，以確定當時的實際情況。《警察沿革誌》中收有許多共產主義者所發表的激進〈宣言〉，但實際上這些「言論」產生多大效果，得到多少社會呼應？實在值得懷疑。例如，有些極強烈的〈宣言〉是由三、五個人在家中密議擬成，還未散發出去時，卽落入特高人員手中，所以該〈宣言〉卽保存在《警察沿革誌》當中了。由此可見，若是不查，卽易掉入陷阱。

若林：這正是我在研究「台灣共產黨」時所碰到的問題。不過當時仍沒有其他條件可以克服，既沒有民間資料，也沒有關於當時社會背景的資料，可以用來重新評估這些警察資料。

我覺得，做爲「運動史」而言，「台共」是不能研究的，因爲我們沒有將之相對化的資料根據。我所寫的那篇文章，只是由國際共產運動史的潮流中，把「台共」的政治路線做一個定位；但這種角度仍有困難，因爲國際共產主義運動在大的主流中，雖然早已有很好的研究，但不管日共也好中共也好，台灣方面受其指導的資料，仍然很難找到。更何況，共產國際中央的文件，並不是全面開放，這是很大的限制。

我寫完那篇「台灣共產黨」之後，卽發現台共的研究已經做不下去了。不知道那些後來跑到大陸去的台共分子，是否寫些回憶錄，或者在大陸活動的時候，留下一些資料。不過看來中共並不希望這些人的資料出現，如果是這樣，「台共」的研究就很難突破了。

吳　：以「運動史」的角度來說，一般最容易令人想到議會請願運動，該運動前半期的主要人物，顯然是以文協幹部爲中心，然而文協幹部是那些人，我們至今仍掌握得相當不夠。所知道的也只不過是《警察沿革誌》中列出來的人，但這些列出來的人全部加起來，還不超過一百人，到底議會請願運動，是怎麼被動員起來的？文協實際上包括那些人，在地方上那些人從事活動？簽名運動時，有那些人簽名了？這些都是目前未能解決的問題。到目前爲止，他們仍未找到當時議會請願運動的原始文件。

若林：關於這個問題，首先應該發掘《警察沿革誌》的原始資料，把鷲巢敦哉（卽《警察沿革誌》的編者）撰寫該誌時的原始資料找出來，才能解決問題。我想在總督府檔案「公文類纂」裡面，應該有許多資料。特別是鷲巢在《警察沿革誌》中省略的部份資料，更是應該找出來。

我推測，總督府所留下來的文書當中，應該有一部分是編纂的史料，各地警察跟蹤運動者的秘密報告，甚至訪問線民後的報告。（參考若林正丈〈有關台灣治警事件的一項資料——內田嘉吉文庫藏《台灣議會設置關係書類》〉，《東京大學教養學部外國語科紀要》第三十一號，一九八六年）這些資料，應該可以反映出參與運動的人是那些人，他們基於什麼因素參與運動。

吳　：我曾經在日本的公文書裏面，找到兩、三件原始請願書。您剛才所說的編《警察沿革誌》時所用的原始資料，據一位相當熟悉總督府檔案的朋友表示，總督府檔案中並沒有該批資料。之所以沒有，有幾種可能，其中的一種可能是，總督府文書課收藏保管的檔案都是結案後的文書，各官廳結案後才會將文書送給收藏保管部門。假若該案件一直未了結，仍然在持續發展當中，收藏機構便不會有資料。撰寫《警察沿革誌》的原始資料，有可能是當時並未送進檔案部門收藏；另外也有可能是由於編纂該誌的需要，已經送管的檔案又整批被借調出去了。如果是後者的話，這些資料應該不在總督府檔案當中，而存在警察官廳。

若林：如果是這樣，就可能找不到了。

吳　：我也覺得很難找到。

若林：據我的推測，應該是有原始檔案的。日本外務省的檔案當中，有台灣共產主義者的資料（《外務省記錄》中的「日本共產黨關係雜件：台灣共產黨關係」）。從這些資料的形式來看，其中有一部分是與《警察沿革誌》所取材的資料相同的。因此，我判斷《警察沿革誌》之外，應該另有原始資料。

吳　：我現在研究明治三〇年代明治政府的台灣政策。中央政府的檔案還算齊全，還可以做得起來。不過，我也曾經稍微調查了一下大正、昭和期的檔案情形，顯然這時期中央政府的檔案便比較少了。另外，總督的私文書資料，仍然有很多不足缺漏的空白。

若林：在研究抗日運動史上，我們只有儘量多找些足以將《警察沿革誌》相對化的史料，以補沿革誌的不足。

吳　：除了《警察沿革誌》之外，我發現同樣是鷲巢的《台灣警察四十年史話》也是很好的史料。鷲巢在書中寫出許多《警察沿革誌》所沒描寫的當時的時代氣氛。

若林：我也認爲他將許多不能直接當資料引用的材料寫進去了。根據他的描寫，我作了一個假設性判斷：我認爲公開參加者也許是少數，而文學是代表當時受過日本教育的第一代台灣知識份子抗日的一種共同心態。在那些文獻中具有相當普遍性的時代精神。

吳　：這些資料給我們一個啓示，那就是掌握時代氣氛是很重要的。另外，您剛才提到的那個時代，台灣受過日本教育的人。無論從事文學活動，或者從事抗日運動，本身也有世代的問題存在。例如，賴和這個世代與王詩琅這個世代就完全不同，像這種世代間的差異，我們也必須列入考慮。我曾比較過賴和與王詩琅的作品，發現相當不同。

若林：那您的看法如何？

吳　：如果說賴和屬於舊文協世代，那麼，王詩琅已經不屬於舊文協世代了，他應該算是活躍於三〇年代的文化人。舊文協世代普遍存在著地方士紳性格，王詩琅則已非士紳而應算是都市小知識份子。賴和的小說「赴會」，表現了賴和本身具有良心的「收租派」性格，王詩琅小說中的挫敗感則表現了都市小知識份子的蒼白和虛脫的一面。

若林：我並不反對您的意見。我想由教育方面提出另一種解釋，前期的文協幹部大多是受過兩種教育的人，他們小時候經過私塾教育，中國傳統文化的各種因素仍然存在，當時日本推出的新式教育尚未深刻化，事實上，他們多半既受私塾教育，又受日本教育，他們的反抗，代表兩種文化產生矛盾後的行動。接下來的一代，他們受中國文化的影響較小，這可能也牽涉到他們對日本的批評態度。

吳　：類似這種世代論，應該也可以援用到文學研究的範疇中來。戰後世代第一批研究日據時代文學的，張良澤、林載爵要算是開路先鋒。其中林載爵在台灣新文學運動的研究成果，一直普遍的被引用。但是大家引用林載爵的結論時，經常做過度的引申，而一味強調「日據時期的台灣新文學受到中國五四時期新文學影響很深」。這種的說法是相當有問題的。沒錯，《台灣民報》上的確介紹了一些五四時期中國的新文學作品，當時新派文人與舊派文人進行論戰時，也借助了不少胡適等五四新文學運動的理論。但是，也不能就此認為日據時代新文學受中國影響很深。即使與賴和同世代的文人受到中國影響，但在三〇年代才正式豐收的台灣新文學，受日本影響絕對遠大於中國影響，這只要稍稍翻閱三〇年代初期那些文藝雜誌便可以瞭解。換句話說，一九三〇年代開花結果的世代，與一九二〇年代初期發動新文學運動的世代，是不可混爲一談的，他們所承受的文學、思想影響是不同的。

另外一個文學史的問題是，提出揚棄舊文學口號後所展開的台灣新文學運動，也自然會有其本身獨自的課題。新文學運動的口號，包括「以我手寫我口」的文體改革，反對無病呻吟主張寫實主義（甚至社會批判主義），這些方向都勢必要求在台灣立定腳跟。五四新文學的「以我手寫我口」，表現出來的是以白話取代文言，但是對台灣的文學者來說，即使以白話取代文言，仍然不是「以我手寫我口」，因爲白話並不即是台灣文學者日常嘴巴所講的「台灣話」，因此就理論的發展，必然要有「台灣話文」文學的出現。五四新文學運動的另一個精神，在於強調批判性的寫實主義。就當時中國文學者來說，當前的大敵是封建倫理，但對台灣文學者來說，強大的惡質殖民者，更是不能不面對的現實。

因此，台灣新文學的最重大課題仍然是台灣的現實。葉榮鐘的「第三文學」論，就是很好的說明。不過，要更深入地瞭解三〇年代的台灣文學，仍然需要認識當時的日本文壇，不論在文學理念或技巧上，日本文學及透過日本而來的世界文學，仍然是當時台灣文學者重要的養分。看來，需要著手的事還眞是很多呢！

若林：的確還有很多問題必須一一澄清。我倒想問您爲什麼選擇明治三〇年代來研究？

吳　：選擇這個時期有各種學術上的理由。不過，在此我倒想強調一個比較是我個人信仰上的理由。我認爲既然我所從事的是研究工作，我就應該儘量遠離來自現實的牽扯，因此我避開熱門的抗日史或現代問題，挑了個日據時期最初的明治三〇年代。但我還是相當關心後面這些問題，有一天我還是會碰的，當然我不會忘了我的「禁欲」原則。我之所以特別強調「禁欲」，是還有一種希望在學院內建立起眞正的學術性台灣史研究的使命感吧。

若林：現在我做台灣當代政治的觀察，也一樣有我個人小小的使命感，因爲對台灣社會有興趣，又願意從事這方面觀察研究的日本人，可以說很少，台灣目前正面臨轉變的關鍵時刻，日本起碼要有一個人全面投入這方面的工作。當然，新聞界是有人在從事這方面的工作，但起碼學界也要有一個人。

不過，總不能長久一直扮演觀察家的角色。

吳　：目前台灣的學界還有另一種「使命感」，我倒有些憂慮這種「使命感」會傷害急待正常發展的台灣史研究。

台灣社會最近的變動，導致台灣的大衆傳播媒體需要研究台灣的學者發言，特別是對研究台灣史的學者抱有過高的期待。但事實上，目前的台灣史研究仍未成熟，但是由於社會的需要，使得不少應急的作品，充斥市場。有些學者，基於自己所認定的使命感，拚命捉住機會，藉著台灣史大發議論。最近還出現爭奪「歷史解釋權」的鬧劇。只要不是壟斷史料、禁止他人說話，那有什麼「歷史解釋權」可爭？這種利用台灣史做爲工具，借著台灣史發表議論的風氣，對一個剛要起步的學科來說，是很不好的。

若林：最近台灣新聞界對台灣史的需求，突然有增大的現象，我認爲這反映台灣已經產生一種 nationalism 的事實。Nationalism 作爲一種政治意識形態，當然包含對自己歷史的研究，但研究的「質」很重要，如果歷史研究的「質」過於惡劣，那麼 nationalism 的層次也不會很高。

就目前台灣社會狀況來看，台灣歷史的研究已經不是單純的學術研究，還包含著台灣將走向一個怎樣的命運共同體的問題。這是關係台灣未來的關鍵，用孫中山的話來說，這是一個「心理建設」的重要時刻。至於利用歷史進行的論爭，是在要建立一個 nation 的時候，不可避免的現象。每一個政權都想掌握歷史的解釋權，問題是「質」是否能提高？如果只是蠻橫的堅持只能適合於小範圍的主張，則將使得 nationalism 的包容力縮小；相反的，「質」好的話，便可能發展出很健康的 nationalism。這從近代日本的挫敗與復興的例子，可以得到證明。

吳　：不過，我還是很擔憂學院裡台灣史研究的水準將因此而受到影響。

若林：所以我認爲，台灣的學界並不一定要全都投入這種議論，雖然這種議論是不可避免的，但學界本身應該有相對獨立的領域，以提高議論的品質。

大陸文革時候，在狂熱的情況下不太可能出現獨立的學術領域，但是台灣現在的情況應該可以，學者不應自我放棄。還是品質好的東西生命力最強，像矢內原忠雄的研究，就相當經得起時間的考驗。

吳　：我們來談談您的研究經歷吧。您是在怎樣的情況下，開始從事台灣研究的？

若林：記得大學四年級時，一位亞洲經濟研究所的學長去了一趟台灣，去之前我們聊過數次，他訪台後回到日本向我介紹吳濁流的小說，又介紹我認識在此地的戴國煇先生，透過他，我在東京與吳濁流先生見面，後來又看了吳先生的作品，結果帶給我極大的衝擊。

當然，我知道台灣曾經是日本的殖民地，台灣現在的正式國號叫「中華民國」，統治台灣的政黨是國民黨，長期與中國大陸對立的海峽局勢等常識，我都還算知道。可是台灣社會、台灣民眾的歷史我可說毫無所知，特別是讀了吳濁流先生的作品後，更是感到自己對台灣毫無所知，吳濁流先生的作品對我衝擊很大，我開始想瞭解台灣。

後來，由於戴先生在東京成立一個台灣近代史研究會，我與幾個朋友一起參加，我選擇「台灣抗日運動史」爲研究題目。

吳　：是什麼因素讓您選擇「台灣抗日運動史」？

若林：可能是由於我大學一、二年級時，經驗過日本的大學學潮的關係吧！抗日民族主義正好是與日本帝國主義對立的。如果我們想深入瞭解台灣近代史的話，不能單以統治者的角度來看問題，必須通過與之對立的反抗者的歷史，以瞭解統治者與被統治者的互動關係。由方法論的觀點而言，只有這樣才能產生較客觀的看法。

吳　：您能不能對自己的台灣研究方法，做一評價？

若林：評價？

吳　：是的。等於是自己給自己打分數。

若林：就以前我的博士論文來說，我所採取的是政治史或思想史的研究方式，而我現在則認爲，要研究台灣一定要用社會史的方法，才能抓到台灣史中最重要的要點。由這個觀點來看，我對自己過去的作品愈來愈不滿，因爲我並未好好將抗日運動，或者參與抗日運動的知識份子的思想運動，放置在當時的台灣社會中去瞭解，只是提出一些我自己的假設而已。

但當時我的確盡了最大的力量從事研究，這一點我有自信，也非常滿意。一個人精力充沛的年月並不長，假若我的研究是有意義的話，那麼就沒有白費我的青春了。

那本《台灣抗日運動史研究》（研文出版，一九八三年）出版之後，我並沒有感覺我的研究有那些缺點，到最近我才發現什麼部份有缺點。

吳：我想以讀者身份來談談您這本書。我們相識七、八年，我一直是您最忠實的讀者之一，我也自認很細心的讀過您的作品。

您書中所收的論文，單篇發表時，都對我帶來新鮮的刺激。我第一次看到您的研究作品，是有關台共的研究（〈台灣革命與共產國際——台灣共產黨的結成及再組織〉《思想》第六一〇號，一九七五年四月），當時我還相當年輕，這篇論文呈現出一個我完全陌生的世界，對我產生相當大的衝擊。不過我也明白，我無法從事這樣的研究，因爲台灣的資料和台灣的政治環境，都不允許。

直到我看到您有關黃呈聰的研究（〈黃呈聰《待機》的意味——日本統治下台灣知識人的抗日民族思想〉《台灣近現代史研究》第2號，一九七九年八月）後，我知道這是我可以發展的方向。

您的研究吸引我的另一個原因，正如您剛才所說的，您的研究方法偏向思想史，這在當時的台灣研究者來說，是比較新鮮的。當時台灣學者基本上都把它當成政治「運動」來做。因此，我看到您那篇文章時，感到非常的興奮。沒多久，我們就在台灣初次見面了。

但是後來您的作品收集成冊發行單行本，我反而有點失望。失望的原因可能是我對您的研究不再有初見時的新鮮感；另外一個原因是，我原以爲您對這個主題應該會有更周詳普遍的看法。

您出那本書之後，我有好長一段時間一直期待著您對台灣抗日運動再提出其他的見解，直到您的〈台灣抗日 nationlism 的問題狀況．再考〉）《東京大學教養學部教養科紀要》第一七號，一九八五年）出版之後，我覺得您對台灣抗日史才算有一個比較完整的說明。

不過，無論如何，您的《台灣抗日運動史研究》無論在資料的開發、研究角度的開展上來說，到目前爲止仍然是該主題最重要的研究成果。也就是這樣，您的作品成了我自己的一個大負擔，無論如何我必須……

若林：因爲您必須超過，是不是？哈哈。

吳　：至少在資料上我必須超過，更何況在內容上也必須……

若林：必須超過嗎？哈……

吳　：我也認爲必須超過。

若林：事實上，我並不認爲我的書已經全面說明了台灣抗日運動史，同時日本學界也不認爲一本書的出版，可以解決一個研究對象的全部。特別是現在回顧以前的研究，發現當時所採用的方法是不徹底的，有半途而廢的感覺。由思想的角度來看，我只分析黃呈聰一九二〇年代前半期的思想。但如果由二、三十年年代受過日本教育的知識份子的精神來看，至少應包括三〇年代的文學史，將文學作品包含在研究範圍之內，起碼應將黃石輝等人的「鄉土文學論戰」的內容更往前推移，由較長的脈絡來看當時台灣思想史才有意義。

由運動史的角度來看，我幾乎把台灣主要的運動階段，都列入研究對象之中，這主要是由於許世楷、葉榮鐘先生的研究中已將大致架構提出，我無意重複。同時當初我也未能找到超越他們的材料，只好選擇「台灣議會設置請願運動」在當時日本的民主運動中的意義爲研究題目，不過這個方向也有半途而廢之嫌，因爲我找不到第一手資料，比如說林獻堂日記之類的資料幾乎闕如，只收集到一些日本決策層的資料，有關台灣人士對於這個運動的資料都找不到。所以我根據的只是當時帝國議會、大衆傳播媒體所出現的材料，至於第一手資料，像運動基金的來源、林獻堂與日本政治家的利益交換（以金錢支援選舉等），一時都無法找到資料。

吳　：其實現在研究抗日運動史，很重要的問題是資料的問題，因爲目前無論任何人的研究，最主要的根據仍然是台灣總督府警務局編的《警察沿革誌》，而《警察沿革誌》的可信性、有效性，非常值得重新評價。同時，在研究整個抗日運動的政治過程時，目前可以運用的資料本來就很少。

若林：所以我在研究抗日運動時，儘量把《警察沿革誌》的運用範圍縮小，當然我也無法克服您剛才所說的政治過程的資料範圍。

吳　：我想現在很難克服。

若林：我也有同感，雖然有《台灣民報》、《台灣新民報》的資料，但仍然很難超過這個範圍。

吳　：另外，我們在不自覺中也受到《警察沿革誌》基本架構的限制，不單只是資料的限制而已，我認爲這反而是一個比較嚴重的問題，因爲我們一不小心卽會掉入它的陷阱。

若林：對！我在參閱戰後台灣學者對抗日運動史的研究論文時，感到不滿的原因之一是，他們都無法擺脫《警察沿革誌》的架構，我覺得這樣並沒有什麼意義。

吳　：其實在台灣史的研究中，到目前爲止存在著許多盲點，我們剛才所說的只是其中的重大盲點之一而已。

台灣史的學者經常不自覺的、沒有批判的依賴單一的資料，更何況又是經過「意識地」編纂過的資料。因此，不少研究都令人有炒冷飯之感。另外，我覺得在整個抗日運動史的研究中，太過度強調「抗日」的層面了。由整個日本殖民地史來看，「抗日」的字眼擺在各處，分別具有不同的意義。譬如，台灣所謂的抗日運動，研究韓國史的人一定不認爲這是「抗日」，我們應以什麼方式處理台灣的「抗日運動史」？這實在值得重新深思。也許韓國史的研究可以給我們一點啓示，譬如他們還觀照到「抗日者」實際爭取的「具體利益內容」。但台灣抗日史的研究，似乎未著力於究明統治者方面的具體施政。我們對於殖民地政府的「統治技術」側面的研究，成果不夠豐富，以致於不能深化抗日運動的研究。我們經常發現，有些研究做了半天，並無法指出「抗日」的「具體內容」是什麼？

若林：我也有同感。

吳　：在我們無法認識抗日運動所面對的課題時，這不僅顯示抗日運動史的研究不夠，還代表我們對殖民地政府統治者的研究做得不夠。

若林：您談的問題關係到我後來的研究，我在抗日史研究之外，曾經發表過兩篇討論日據時期的論文。二文都在討論殖民地政治到底是怎麼回事，具體的進行方式又如何。我在研究抗日運動史初期並未發現這個問題，後來由《警察沿革誌》中發現了這個問題，於是我的興趣慢慢的朝這個方向走。

我寫過一篇現在的裕仁天皇還是皇太子的時候的訪台旅行，就是當時所說的「東宮台灣行啓」。這一篇文章當中我分析了天皇制以政治儀式方式從事各種「表演」（「一九二三年的東宮台灣行啓——天皇制的儀式戰略和日本殖民地主義」，收在東京大學出版會出版的《國際關係論的先驅2》，一九八四年）。我主要的目的是在瞭解，當時殖民地是面對著具有什麼意識形態的統治者？而且這種意識形態是以什麼形式被實現的？

不過，同時台灣的政治已出現新的狀況，於是我分散了對歷史問題的注意力。這幾年年當中我的興趣開始轉移，我將研究重點轉移到現代，對以前所開發的研究方向完全擱置，因此內心感到非常矛盾、痛苦。其實兩方面我都非常有興趣。但經過考慮後暫時放下歷史的研究，有一天我會重拾以前的研究。

吳　：在您的第二本書中，我們發現您開始走進台灣現代問題的研究範圍。研究近代史與研究現代問題，兩者在性質上顯然不同。依您的看法，研究台灣現代問題，在資料的處理上，有什麼樣的問題？

若林：首先應該把當代政治研究與現代史研究分開，如果從事現代史的研究，所需的具體資料當然不同，但是到目前爲止，我所做的並不是現代史的研究，我的焦點是放在當代的政治上，因此主要的消息來源是報紙、雜誌、對人的訪問及交談，所以在資料的蒐集上，與新聞記者差不多，有時做的事情也差不多。

由於我仍是以學者的立場從事研究，因此分析台灣當代政治的時候，必須建立一個架構，用這個架構來分析現狀，同時在研究當代問題當中，也提供我回頭去反省研究過去歷史的機會。現在我已經可以慢慢再開始以前的歷史研究了。

我寫完抗日運動史之後，有幾年的時間，一直找不到另一個架構來重新整理台灣歷史，除了剛才提到的日本殖民主義的意識形態的問題之外，我有好長一段時間不願回到台灣歷史的研究。我現在倒是很想回到歷史研究的園地來。

吳　：對一個表達並不十分自由的環境，研究者卻只能依賴文字所傳遞的訊息，顯然在研究上會受到極大的限制。關於這個問題，您如何處理？也就是說，您在研究時，所依賴的主要是文字資料，但這些資料卻又都是來自一個表現不完全自由的地方，您如何克服這種資料本身的侷限性呢？

若林：那要看您對 text 的解釋了，像《台灣民報》也不是完全自由環境下的言論，現在台灣的言論自由也許比較好一點，但仍然要靠個人對 text 的解釋。另外，當代問題可以透過親往現場取材，而獲得與文字所傳達的不一樣的氣氛與訊息，再經由自我思緒的整理，卽可獲得比較可靠的結論。但這只能是「原則上」的說法。由於我本身並未在言論不自由的環境下生活過，因此可能使我在解釋上過於「老實」或「天眞」，造成不少「直接理解法」的情況。

吳　：另外，您在《海峽》一書中提到，《海峽》只算是您的「暖身運動」，那麼現在是否要正式上場了？也就是說，您已經準備開始下一步的工作了？

若林：下一步工作可能是回到歷史研究。過去一、二年裏，我在日本社會中，扮演台灣政治觀察家的角色，但這個角色可能不久就可以結束了。而由方法論及建立學術新架構的方面來說，至今仍未完成。由於這兩年比較實際的觀察，才引導我逐漸形成新的架構，也發現必須再回到尚未完成的學術領域。目前我很想放棄這個「觀察家」的角色，因爲就我個人來說，這個階段性的角色可以結束了。

吳　：那麼也就是說，您把自己做爲一名研究者的角色定位在研究歷史，而不是定位在研究當代囉？

若林：我原以爲可以做一名台灣當代政治研究者，但後來發現這是我的「誤解」，我應該是「不會」成爲這樣的學者的。

吳　：那麼您的意思是說，這兩年觀察台灣的政治，僅提供您做爲重新從事歷史研究的反省？

若林：結果可能是這樣。特別是最近，我發現若要掌握台灣政治問題的話，一定要具有歷史社會學的觀念，也就是因爲這樣，我深覺有必要再回到歷史研究的路上去。更具體的說，統治過台灣的「國家」有三個：一個是王朝性質的清朝政府；一個是日本政府；另一個則是中華民國。如果我們能夠對這三個國家與台灣社會運動關係，以一個統一的架構來理解的話，我們才可能掌握問題的核心，而且也比較具有全面性。

吳　：那也就是說，不久之後您又要回到歷史的研究上囉？

若林：還不知道，現在還不能確定。我只是覺得，我絕不會放棄對歷史的研究。由於自己在大學中教學的關係，總是會定期的寫些論文，而且東大的政治研究，經常會出現歷史的問題。

我想起碼在精神上不願放棄。

吳　：在短期中，您有沒有比較具體的寫作計劃？

若林：政治學季刊《利維坦（Leviathan）》最近邀我寫一篇現代台灣政治問題的文章（〈台灣：民主化和國民形成的交錯〉，《利維坦》第三號，一九八八年十月）。還有岩波書店最近要出「講座現代中國」系列，其中有一本談現代中國國際關係，我負責撰寫其中的中台關係部份。這是兩篇已經預定要撰寫的文章，都必須相當花時間，所以打算暫時不寫其他的東西。

吳　：現在您覺得當初走上台灣研究這條路對不對？．

若林：所謂「對不對」有幾個含意，第一、是台灣研究在日本市場很小，以致於常常令我對自己的出路、生活都感到擔心：第二、是在台灣研究中，我是否能開闢出令自己、令別人都感到有意思的天地？這兩個問題，有一段時間相當苦惱著我。

但由於已經走上這條路多年，已不能回頭了，只好堅持不放棄自己原先的選擇。現在看來，當時沒有放棄是對的，因爲我還是得到一些回報。當然，在日本從事台灣研究是一件很孤獨的事，但現在我覺得當初的選擇是沒有錯的，看到台灣社會開始「動」起來，感覺非常有意思。

5. 從解嚴談起

吳　：我們接著來談一談台灣最近的發展吧？從那裏談起呢？從蔣經國還是李登輝談

起？

若林：我想還是從解嚴談起，這樣比較能夠說清楚結構性的變化。

吳　：您認爲解嚴對戰後四十多年來的台灣來說，具有什麼特殊的意義？

若林：解嚴可以算是中華民國這個國家與台灣社會之間的關係調整當中，一個重要的里程碑。

另外，在戒嚴體制之下被壓制的禁忌，在解嚴前後都被提出來討論了。蔣經國的去世，已令台灣的強人統治完全煙消雲散。在此同時，台灣島內也吹起了一陣很強的翻案風。這代表國家過去強加給社會的框架，此時已被社會質疑，並被公開拿出來討論了。

吳　：您的意思是說，在此之前國家透過強制力強壓社會，很重要的結構性手段，便是戒嚴體制？

若林：是的。當然，蔣經國這個強人，本身卽代表國家的心理壓力，他在人格上象徵著國家的控制力，他的死卽代表這種控制力的式微。蔣經國的去世令許多人感到悲哀，但也有許多人因此突然覺得非常「輕鬆」，因爲從此可以說話了。

吳　：您用什麼分析的架構來瞭解台灣的政治問題？

若林：在解嚴以前，我主要是從政治體制的角度談台灣政治，我認爲台灣目前的政治問題，基本上是政治體制改革的問題。所以我借用政治學裏面的權威體制的概念，以這個體制的形成、發展以及轉型的各階段來分析問題。我用這種分析方法一直談到解嚴前夕。

不過，從解嚴一年多以來的情況來看，我發現不能單以政治體制問題解釋台灣政治，於是提出民主化與 nationalism 交錯的問題，以補過去分析角度之不足。

吳　：您提出 nationalism 的問題來，但是請問被壓制了四十年的台灣 nationalism 爲什麼會在此時浮現出來？不知您的看法如何？

若林：這真是一個台灣現代史的大問題！

簡單的說，台灣的「國家」——中華民國，並不是由台灣本地產生出來的，也不是一個植根於台灣社會的國家。就一個國家統治組織來看，她是一個外來的國家。

但外來的國家並不一定統治能力不強；有些外來的國家可以是有效率的、強力的統治體制。對社會的探制而言，國民黨政權即是一個強力又有效率的政權。

在台灣，國家與社會之間的關係，一直是一個相當懸殊的對比——國家很強，社會很弱。但最近情況改變了，因爲面臨內外數次危機之後，雖然國家的控制力並未衰退，但屬於社會的力量卻日益增大。相形之下，國家也就不得不接受社會的要求，在做法上尋求改變，於是長期被壓制於底部的問題，開始一一被解放出來。

問題是，台灣的社會力何以能長大茁壯？戰後初期，台灣社會力量如何在交替的過程中，將日據時代的社會力量接替過來？這些都是需要進一步解釋的問題。

但是，……這個問題恐怕很難解析。

我覺得台灣的家庭，可能在這個社會力量交替的過程中，扮演時代傳承的主要角色。因爲，當時所有的大衆傳播媒體、學校等，都由國民黨所控制。而由台灣人所控制的社會組織，除了部分宗教組織外，似乎只有「家庭」。

像您父母所生長的時代，他們的經驗是相當一致的，因此他們的反應也相當一致。所以，雖然宣傳媒體無孔不入，但是台灣人家庭內仍被保留了部份不受控制的空間。日本有一句俗話說：「孩子是看著父母的背影長大的」。「家庭」延續了以台灣本位的觀點來看問題的視野。

台灣本位的視野，在「家庭」內頑強地延續著。現在新生代所主張的「台灣意識」，正也代表上一代被壓抑下來的思想，並藉新生代的力量紛紛表達出來。因此，一度曾經隱沒了的主張，又再度被提出來了。

由此得知，以台灣爲本位的思考模式，在家庭中被保留下來。這也證明，以國家的力量由上而下，強加灌注「中國國民」的意識，雖然具有相當大的影響力，但並不一定能滲透到家庭之內。

每一個近代的亞洲國家，包括日本所要求的國民意識，主要是通過教育由上而下形成的，國民黨也企圖教育台灣人爲「中國國民」，但似乎並沒有完全成功。

我從幾位台灣朋友的回顧來判斷，看來學校教育與家庭對兒童的精神的暗示，一直是在進行鬥爭的，而這種鬥爭所產生的緊張與矛盾，在像您這一代的台灣人當中，大約都會經體驗過。是不是？

吳　：以我個人的經驗來說，我只接受到學校給我的「工具性」側面。我和我的環境很早就知道學校所教的是「那一套」，我們上學只是爲了識字，也就是要學會怎樣記帳寫字。其他的，我們似乎也從未指望學校教我們，即使學校教導了不少「大道理」，我們通常也只把它當成這是「他們」說的。我父親是個很平凡的小百姓，讀過初中。記得小時候在家背書：「勤勞的蔣總統，蔣總統從小就很勤勞……」，我父親會說那是「學校講的」。

若林：那麼您的說法，已足以做爲我的例證。

吳　：正如您所說的，國家與社會不相一致。學校的教育代表的是國家，家庭內無形的傳承、暗示則代表社會。

若林：經過二十幾年的經濟發展，台灣已完全由農業社會轉變成工業社會。在農業社會裏，政治與經濟之不一致，可能是無所謂的，不過工業社會則是都市化的社會，人在都市社會中是必須由行政加以保護的。當個人希求行政保護時，所涉及的「錢」的問題，卽與政治分配有關。都市化的結果，造成人們對政治要求的增加。

以前學校與家庭的說辭矛盾，似乎大家還可以容忍，但最近似乎已經不行了，整個局勢已不允許這個矛盾繼續下去，台灣在政治上必需調整，才有可能進入先進國家的行列。特別是，最近經常被提出來的統獨問題，顯然已經到了不得不面對的局勢。

吳：在去年，曾經有一個討論會，主題是所謂的「台灣結．中國結」。但我認爲這個會議並沒有談出問題來。以大傳統與小傳統的概念來談統獨問題，或以高層文化與庶民文化兩者的矛盾來說明問題，顯然是不夠的。

「台灣結．中國結」牽涉的還有 nation building 的問題。也就是近代國家主權的問題。「中國結」的論理是把台灣主權「委託」給中國。但「台灣結」則強調近代國家中組成國家的每一份子的均質主權，這種論理當然會導引出台灣的住民要求屬於自己的國民主權。

戰後的台灣問題是極特殊的。在台灣的中華民國是把主權放在中國的；但是，現實的台灣卻又不被放在中國，也就是說台灣自己並沒有主權，台灣的主權是被放在「別人家裏」的。日據時代的台灣主權是被放在日本的，不過當時現實的台灣也歸屬於日本帝國，因此是被放在「另一個房間」，而不是放在「別人家裏」。所以，日據時期可能曾經形成地方文化與中央文化，卽主要房間與次要房間的衝突；當然，這其中又有人種的差異，因此也會發展出殖民地的 nationalism。但戰後台灣的 nationalism 有一個很重要的側面，那便是他要求把主權放在「自己家裏」。這也就是您在《海峽》一書中所說的近代台灣知識份子對近代國家的憧憬。

因此，「台灣結」絕不能只是放在大傳統、小傳統或地域主義（卽大房間與小房間之爭）的層次上來討論。

若林：統獨是一個很複雜的問題，牽涉到這個問題的概念、現象等，皆極複雜。自法國大革命以來，近代民主國家中，採取 national-state（國民國家）式的政治共同體最有效、最強盛，因此使得後來成立的政治共同體，皆憧憬著成爲一個國民國家。一個國家，如果本來卽有一個比較統一的文化集團，像普及的教育、建立參選制度等促使國民形成的政策，都比較好辦些。日本在亞洲地區，算是比較幸運的例子。

如果沒有同質性較高的國民的話，就必須以國家的力量創造一個國民，卽勉強要以由上而下的「作爲」來虛構一個國民，卽需要發動同化主義。像很多亞洲新興獨立的國家，卽非常需要這麼做，對佔據中央主體民族而言，是有必要同化邊疆民族的。

中國由於兩個爭取「正統」地位的政權，至今仍是分裂的狀態，而且這種分裂是隔著台灣海峽而存在，兩個政權又分屬不同的國際陣營，社會經濟原則也不同，經濟發展策略現在比較接近了，但在二十多年前是完全不同的。而且，海峽兩岸都主張只有一個中國，一直持續著誰也不服誰，誰也無法控制誰的對立局勢，所以 nation building 仍然處在各行其是的狀態，各自塑造自己的國民。在這之前，台灣的住民已有半個世紀和中國分離的歷史，日據時代的台灣與大陸間有相當不同的歷史經驗。

同時，形成國民意識極重要的工具之一——報紙，已經在此時傳進亞洲社會了。

台灣、大陸因此各自利用報紙塑造國民意識。

近代報紙對塑造國民視野，扮演相當重要的角色，一般人透過報紙認知世界，而報紙所形塑的世界也成爲一般人的世界；因此，「我們的世界」與「不是我們的世界」，成爲極重要的區分。

台灣自一九二〇年代開始，即有屬於自己的報紙，這七〇年當中，海峽兩岸呈現分裂的局面，因此台灣人的世界是台灣，台灣人無法選擇其他世界。

日據時期，台灣人到東京留學，參加大正民主運動、社會運動等，似乎將日本的社會運動暫時當成自己的世界，不過受到日人的民族歧視，大部份人仍以台灣爲視野。在光復時期，台灣人原以爲可以將這種視野擴大至大陸，沒想到以後歷史使它不可能成爲事實。因此在談「台灣結」「中國結」時，應該先釐清建立台灣住民的集體視野的問題。

台灣在清代時期，可以稱之爲屬於中國的主要原因是，台灣當時仍包含於「士大夫共同體」之內，而「士大夫共同體」的視野，普遍存在於中國，他們的文化來自大傳統，這些人透過科學而到地方做官，回鄉教書，做鄉紳。但基本上，這些人都有著中華帝國的大視野，而清朝二百多年來的統治期間，台灣社會也建立了一個「士大夫」的階層，這個階層卽是與「中國」建立關連的銜結點。一旦沒有「士大夫」階級後，台灣算是失去了這個銜接點。

從社會學的觀點來看，這種理論也成立。移民到別的地方的個別中國農民，已不再能稱之爲中國人，例如有些中國農民移民到菲律賓，雖然仍從事中國式農業，但已不能稱之爲中國人，我們都知道柯拉蓉的曾祖父是閩南人。

至於，「士大夫」往後的命運如何？是再解體，還是再恢復？扮演「士大夫」這種與中國聯結角色的階層會不會再出現？或者有其他方式可以取代這個功能，一切都極難預料。但是由於台灣曾經有被「士大夫共同體」包含的基礎，因此台灣至今仍有少部份人，仍持有「中國」的視野。這種情形在日據時代曾經存在，戰後也有過，目前也還有。

所以，我覺得台灣的視野有矛盾！

吳：您剛才所說的「士大夫」視野，基本上是建立在中華思想之上的，而近代的台灣知識份子，特別是二〇年代的知識份子，已經學習到一種與中華思想敵對的思想——民主主義。

由我個人的觀察，台灣的知識份子對民主主義的認識，遠超過當時中國大陸的知識份子，以當時的水準而言，是相當高的。這些具有民主思想的知識份子，在戰後曾經企圖依民主主義從事 nation building，但遭到了挫折。誠如過去您曾說的，台灣的知識份子對於近代國家有憧憬。這種潛在的盼望是極重要的。

台灣有許多學者，研究日據時代時，往往很強調「民族主義」。但這個「民族主義」總是只被看到抗日，即排除異民族的側面。至於近代 nationalism 日形成過程中的民主主義（democracy）則被忽略了。因此，我這裡所說的 nationalism 與目前伊朗的「民族主義」是不同的。

用漢字的「民族主義」來表現 nationalism 時經常會造成錯誤，因此我常直接用 nationalism。

若林：日本即用拚音假名來表記 nationalism，並且避免用「民族主義」或「國家主義」

這種譯語。

吳　：我深深感覺到，台灣學者掉入「民族主義」四個字的圈套中。在日據時代，台灣的確出現反異民族的「民族主義」，但問題絕不這麼簡單，我們應該以 nationalism 來看問題。

若林：您的意思是，在瞭解日據時代台灣人或台灣知識份子的反抗運動、反抗內容時，不要掉入「民族主義」這個含混的概念中，以免誤導對史實的認識，您的意思是這樣嗎？

吳　：是的。

若林：那麼我贊成您的說法。

吳　：nationalism 的概念，不但可以說明日據時代的問題，而且也可以解釋戰後的問題。反之，如果用「民族主義」來解釋抗日運動，那麼戰後台灣的各種運動，我們又如何用「民族主義」來解釋呢？「民族主義」怎麼解釋台灣的在野運動？當然，如果硬是以「民族主義」來解釋在野運動，只有極端的將國民黨政權視為「異民族統治」了。

若林：關於台灣 nationalism 有很有趣的區別，那就是身在其中的當事人，與在外面觀察的旁觀者，對於 nation 的認識有很大的差異。對在外面觀察的人而言，nationalist historian 所提出的 nation 是很新的東西，但主張、提倡台灣 nationalism 的人卻認為，這個概念甚至實體早就有了，是很古老的一種概念、團體，認為這是很堅實、很正統的東西。

早期主張台灣獨立的人，主要是根據「台灣民族論」，以證明台灣應該獨立。台獨論者還主張台灣歷史有四百年。但就社會學者的眼光來看，四百年前台灣那有什麼 nation 這種政治共同體成立？根本沒有嘛！

所謂「國民」的概念，對台灣，對東方而言，都算是很新的概念。在西方也只有二、三百年的歷史，還沒到四百年這麼長。關於「國民」的含義，是可以由歷史社會學上來確認的。

我們對 nationalism 的定義不要採取宿命性的解釋，也不要以固定的一種文化特徵或血統來決定國民的意義。語言也並不是唯一解釋「國民」的分界線的指標。

吳　：語言、種族、血統都不是決定「國民」的唯一因素。

若林：對！所以我覺得 Benedict Anderson 的 *Imagined Communities:Reflections on the Origin and spread of Nationalism* 一書，是很了不起的著作。他認爲「國民」的共同體，是經由「想像」而來的共同體，而這種「想像」與視野又有極大的關係，在共同的視野下得到的共同的「想像」，而可稱之爲「國民」的基礎。我認爲台灣在近代歷史上的日據時代卽已出現台灣本位的視野。我的說法，在客觀上是可以成立的，像《台灣民報》、《台灣青年》等都是明顯的例子。《台灣青年》主張「台灣是台灣人的台灣」，象徵著台灣人視野已經成立。《台灣青年》、《台灣民報》、《台灣新民報》等，當時都仍然有中國大陸的報導，文化、政治動態的介紹，不過這些刊物中所展現的視野是以台灣爲範圍的。由此可見，日據時期台灣人當中懂文字的階層，已經形成以台灣爲出發的視野；而這種共同的立足點，這種「台灣人的視野」，如附帶相應的政治、經濟、社會、文化上的主張，無妨稱之爲 nationalism。

台灣議會請願運動本身就是一個比較溫和的表現，有台共所主張的「台灣共和國」也有許多地方很曖昧，但基本上仍屬於一個東西。另外，最近民進黨的許多主張，按我的定義來講，都算是 nationalism 的表現，民進黨甚至還提到「台灣主權」四個字，這都是很明顯的台灣 nationalism。甚至像費希平所提倡的「大中華邦聯」，或許可以算是台灣 nationalism，因爲在「大中華邦聯」當中，台灣的自主性是被強調的，而且「邦聯」並沒有中央政府。也許，費希平的中國意識很強，但他仍然是承認台灣的現實的。

吳：我認爲，費希平也許仍有極牽強的中國 vision，但無法避免的，他仍必需保有近代 nationalism 的一個重要因素。

若林：那就是民主！

吳：就是 democracy。光是這一點就令他不得不承認：「台灣是台灣人的台灣」，只有在台灣人握有台灣主權之後，才有可能討論到「邦聯」的問題。費希平也必須認識到台灣的現實，這是時代的要求……

若林：他是因爲未與台灣社會脫節，所以很清楚自己也在台灣這個共同體之內。

吳　：我常舉一個葉榮鐘先生的例子。葉榮鐘在光復初期絕對不認爲中國人是異民族，至多只是感覺到這些新來自中國的人與他「不一樣」而已，但絕不是異民族。但是，他說光復國民黨來接收台灣時，台灣的士紳曾經製作標語表示歡迎，上面寫著：「歡迎國民政府」，但有一位來自中國的「開明」人士卻要他們改爲：「擁護國民政府」。葉先生始終無法理解，爲何要把標語改成「擁護國民政府」。顯然，葉榮鐘這些台灣知識人與來自中國的知識人之間有不同的認識。

若林：在這裡我發現了一個理論上的問題。在未獲得政權時所提倡的 nationalism，與得到政權之後所說的 nationalism 是不一樣的。在未得到政權時的 nationalism，我們可以稱之爲人民的 nationalism，而人民的 nationalism 是由下而上的，可以包含民主的內涵。像日據時期，台灣的知識份子反對總督府的專制，這就是同時包含民主主義與民族主義的反對運動。相反的，掌握政權之後的統治階級，他們所主張的 nationalism 可能不是民主的。當時，主張同化台灣人、朝鮮人的日本人，毫無疑問的是日本的 nationalism，但是他們的民族主義可以是不民主的。

吳　：但是，對於當時主張同化政策的日本人，我們似乎不應該說是日本 nationalism，而應該稱之爲國家主義者。

若林：如果這樣，對於 nationalism 的定義就太狹隘了！當然，日文將 nationalism 翻譯得相當妙，例如不包含民主主義時，則往往稱之爲國家主義，而戰前日本的 nationalism 也有這種傾向。

中國的 nationalism 也是如此，在五四時期提倡民主與科學，後來在發展的過程中逐漸失掉民主的內容。我認爲，nationalism 的內涵與政權的有無，有很大的區別，nationalism 的運動是否已獲得國家的形式，是重要的關鍵。

nation，本身卽有許多類型，葉榮鐘先生所認識的國民概念，是比較接近英國式自由主義的國民概念，而中國大陸方面所接受的好像不是這種，模型不一樣。

吳　：葉榮鐘先生確實非常強調由底下而來的 nation building，因此才會與中國大陸來的某人士，無法溝通。

若林：他們在對「國民」這個概念的認識上，看來是不一樣的。葉榮鍾先生到日本留學時期：所接受的是大正時期日本知識界盛行的自由民主主義的概念，而自由民主主義所提倡的基本思想，是在強調國民權利的平等，在法律之前人人平等、參政權平等的原則。在葉先生的「國民」概念當中，上面所說的各分子的「平等」是很重要的。

然而，我們也必須承認，仍然有另一種「國民」的概念。

葉先生是以水平方式定義，在範圍內的分子彼此是平等的；但如果以中心來定義，卽會出現以「擁護領袖」爲目的的垂直型的共同體。

吳　：就像一些國家一樣，在共同體之內是不強調民主觀念的。

若林：「擁護領袖」的共同體是由臣屬觀念所出發的像如果擁護國民黨意卽擁護蔣介石，擁護共產黨意卽擁護毛澤東。

當時的台灣知識份子，所接受的大概是大正民主運動之思想，認爲在人人平等的國民觀念下，每個國民都應具有平等的權利，在這種觀念的壯大之下，台灣的知識份子開始反抗總督府專政。

接下來看當代的問題，由於這種人人平等的思考，令台灣住民要求國民平等，反對萬年國會。相反的，以中心方式所定義的垂直型的共同體的觀念來看問題，則會認爲萬年國會並沒有什麼不好，因爲重要的是中心，是國家需要「鞏固領導中心」。由此可見，彼此格格不入是很自然的。

吳　：這種觀念的對立其實在日據時代就非常明顯的出現了。當時代表總督府的保守勢力的某人士，曾經指出，像葉先生所主張的democracy，基本上就是不對的，因爲這種思想是西方的；他認爲東方有東方自己的理想政治，那便是「擁護中央領導中心」，然後由「中央領導中心」以民本主義施行王道。換句話說是以統治者爲出發的仁政王道。這就類似上面所說的中心關係。

若林：在近代日本政治衝突的歷史當中，也存在著這種「國民」概念的衝突，而且曾發生極激烈的衝突。但是，水平的國民平等思想在戰前無法充分普及，因此才發生法西斯主義。

吳　：從這種意義上來說，當時台灣知識份子對democracy的認識是相當深刻的。

若林：日本人於戰前，並未發展出西方式的democracy，直到戰後才建立民生制度，以憲法實現近代民主國家的構想。

事實上，二〇年代的進步知識分子，他們所吸收的民主思想都是外來的。

吳：戰前日本的知識份子對於天皇主權並不敢質疑，卽使吉野作造也不敢直接碰觸這個禁忌，但台灣的知識份子卻有如此前衛的思想。

若林：他們眞碰了天皇制的禁忌嗎？

吳：當然，除了台灣共產黨——日本的共產黨也一樣，他們還是未明顯表達出來。不過，台灣知識份子在戰後，卻很明瞭地將他們所認識的民主主義思想表達了出來。

若林：戰後，日本的象徵天皇制解決了我們上面所說的垂直和水平 nationalism 的溝通，天皇已不能再擁有他已失去的權力，憲法提倡國民主權的概念。但在這過程中，右派一直在活動，企圖加強天皇的地位。不過在廿世紀國民主權的思想已無法否定，頂多只能在背後搞鬼罷了。任何政權都無法抵擋這個潮流。在國民主權的概念已成爲普遍的正當性的根源之前，國民黨可以說是一個相當不錯的政黨，您說對不對？

吳　：您的意思是說，在不談國民主權問題的時候？但是很可惜的，國民主權已成爲全世界的共識與眞理了。

若林：這有如數學上的定理，若是違背這個定理在政治上根本無法成立，只能暗地做手腳或搞鬼的份了。

吳　：在不主張國民主權的情況下，國民黨的施政是成功的？

若林：算是成功的，而且，有些西方學者也相當稱讚。戰後世界最大的問題是經濟發展的不平衡，由這一點來看，國民黨不錯嘛！雖然經濟發展犧牲了台灣的自然環境，不過這也是經濟發展必然的代價；很多第三世界國家卻只付出代價，而得不到實際的經濟成果——他們是這樣看的。

吳　：台灣的確是付出代價，也得到經濟實績了。

若林：由經濟成果來看，國民黨雖然不錯，但是台灣人民早已有國民主權的概念，即令殺掉當時的知識份子、壓抑具有國民主權思想的人，過了一段時間後，這種思想仍然會再出現的，這是沒辦法的事。

吳　：剛才談到，假若不談國民主權的話，台灣的經濟、施政還不錯。不過最近台灣的社會運動，像罷工，工人、農民對權利的要求等，也逼使國民黨必須改變過去的開發經濟體制。

若林：對。

吳　：那您覺得今後國民黨，將會把以前的開發經濟體制「開發獨裁」做怎樣的調整？

若林：我覺得現在是不得不建立一個公開的政治交易市場的時候，譬如像成立一個像樣的國會。

您可能也很清楚，日本的國會就是一個政治的交易市場。假設這個交易市場並未現代化，則經濟發展到某個程度之後，將無法再負擔起分配的工作，因為在經濟發展尚未十分成熟時，可能經由被指定的分配方式來進行，但發展到某一個經濟程度之後，大家即無法再忍受這種沒有正當性的分配方式，大家總覺得個透過共同的討價還價方式，才比較合理，也只有這樣，才能得到多數人的服從。

現在已到了不得不開放市場的時候。

吳：由這個觀點來看，我覺得明治十年代的明治政府相當有智慧，她在發現問題之後馬上宣佈開設國會，這種消弭對立的政治智慧，相當了不起。

若林：我也覺得如此。

吳：但是，當時做這種決定是需要有很大的政治智慧的，那是要具備相當的遠見、勇氣的政治家才做得到的。

若林：我相信國民黨是會改造國會的，問題是怎麼改？國民黨若不能將國會變成一個現代政治交易所的話，是無法繼續經營台灣社會的。基本上，國民黨還是不得不在台灣植根。但是在改造國會的過程中，卻又牽涉到國體的問題……。總之中國式的政治文化太硬了。

吳：您說「國體」卻讓我想起戰前日本的「國體」。「國體」本身所具有的非現實性、咒術性，令整個政治運作都硬化了。而且「國體」是具有行動力的，它是會「殺人」的。

拿日本近代史的經驗來看台灣問題，經常會覺得很有意思。戰前日本的國體也一樣，是會「殺人」的，現在台灣的「國體」也會「殺人」。兩者有共通之處，「國體」最終是無法分解的、沒有邏輯性的，「國體」本身就是先驗性的。

若林：日本近代史中也是如此。事實上「國體」這個概念是由人構成的，明明是由所謂的明治元老設計出來的，當時他們並未考慮到任何的神秘性，也認爲「國體」是可以改變的，但到後來漸漸的物神化，竟然成爲一種不可改變的東西，將每個人的頭腦都綁死了，直到日本戰敗才打開這個束縛。不過，現在仍然有許多右派日本人相信「國體」這個東西很可怕。它還在「殺人」啊，像最近朝日新聞記者就被右派殺了。

吳：日本畢竟是東洋社會，有時把台灣與日本情形比較，發現兩者實在很像。

若林：近代日本的「國民」主要還是以「國體」模式形成的，只是日本國民的法律教育比起中國大陸、台灣來，要稍微健全一點。而且對於西方思想的開放程度，比中國更大、更早、更深入。

吳：日本是在國民尚未對「國體」釐定清楚之前，曾故意令其混淆化，而這種混淆之能存在的原因，是由於作爲實際操作法律的公正性仍在作用著，因此國民還稍能遷就這種混淆狀態。法律的公正性，包容了這種「國體」的混淆性。

若林：我們日本人認爲，只要法律公正，卽使讓天皇及其兒子、親戚保有現有的既得利益，亦覺得無妨，這還是可以容忍的。

吳　：在東洋社會中，日本在把西方思想當成一種實際操作的工具移植進來這件事，算是成功的。

若林：以中心定義的共同體思想，是不是由中國來的？

吳　：基本上它是中華思想中的一部分。所以中國知識份子必須面對的最大課題是中華思想。

若林：張正昌的《林獻堂與台灣民族運動》最後的結論很有意義。他說：「林獻堂的抗日運動，做爲民族運動是失敗了，但做爲民主運動他卻萌芽了。」我覺得他這句話可以有很深刻的含義。

吳　：不過雖然已經「萌芽」了，但在成長的過程卻是困難重重，相當曲折。

若林：以後若有學者回顧台灣這一百年的歷史時，一定會有學者說：「台灣很像是搞了兩次 nationalism 運動！」

我當初接觸到黨外份子時，也感覺到他們對 modern nation 的渴望。這可能是由於自己所研究的對象本來就是如此，才造成我有這種印象。

吳：就是因爲您有這種感覺，才會講出那句話：「台灣人對近代國家的憧憬」。

若林：台灣人似乎一直有這種憧憬，王育德的書當中也是洋溢著這種憧憬。

吳：看來眞是自「萌芽」之後，經歷了曲曲折折的成長過程。不過仍可套用楊逵的一句話，它像是一枝「壓不扁的玫瑰花」，「春光是關不住」的。

著作年表

若林正丈著作年表

A. 專書

一九八三《台湾抗日運動史研究》（東京：研文出版）（増補版，二〇〇一年）
一九八五《海峡——台湾政治への視座》（東京：研文出版）
一九八九《転形期の台湾——「脱内戦化」の政治》（東京：田畑書店）
一九九一《台湾海峡の政治——民主化と「国体」の相剋》（東京：田畑書店）
一九九二《台湾——分裂国家と民主化》（東京：東京大学出版会）
一九九四《東洋民主主義——台湾政治の考現学》（東京：田畑書店）
一九九七《蒋経国と李登輝——「大陸国家」からの離陸？》（東京：岩波書店）
一九九七《台湾の台湾語人・中国語人・日本語人——台湾人の夢と現実》（東

京：朝日新聞社）

二〇〇一《台湾―変容し躊躇するアイデンティティ》（東京：筑摩書房）

二〇〇八《台湾の政治―中華民国台湾化の戦後史》（東京：東京大学出版会）

B. 編著

一九八七《台湾―転換期の政治と経済》（東京：田畑書店）

一九九八《もっと知りたい台湾》（東京：弘文堂）

二〇〇一《矢内原忠雄「帝国主義下の台湾」精読》（東京：岩波書店）

二〇一〇《ポスト民主化期の台湾政治―陳水扁政権の八年》（東京：アジア経済研究所）

C. 共同編著

一九九〇 劉進慶・松永正義《台湾百科》（大修館書店）（第二版，一九九三年）

一九九三大江志乃夫、浅田喬二、三谷太一郎、後藤乾一、小林英夫、高崎宗司、川村湊《岩波講座 近代日本と植民地》（全八巻）（東京：岩波書店）

一九九五谷垣眞理子、田中恭子《原典中国現代史（7）台湾・香港・華僑華人》（東京：岩波書店）

D. 翻譯

一九八七金観涛、劉青峰《中国社会の超安定システム——「大一統」のメカニズム》（東京：研文出版）

一九九八陳明通《台湾現代政治と派閥主義》（東京：東洋経済新報社）

E. 論文

一九七三〈中国国民革命と台湾青年〉（上）《アジア經濟旬報》九一五號，頁一十三—二十一。

一九七三〈中国国民革命と台湾青年〉（下）《アジア經濟旬報》九一六號，頁六—十一。

一九七五〈「台湾革命」とコミンテルン—台湾共産党の結成と再組織をめぐって〉，《思想》六一〇號，頁五七三—五九四。

一九七八〈近代中国における総合雑誌—「東方雑誌」解題〉，《外国語科研究紀要》第二十六巻四期，頁一—一一七。

一九八〇〈大正デモクラシーと台湾議会設置運動〉，收入春山明哲、若林正丈《日本植民地主義の政治的展開一八九五年—一九三四年—その統治体制と台湾の民族運動》，（東京：アジア政経学会）

一九八三《総督政治と台湾土着地主資産階級》，《アジア研究》第二十九巻四期，頁一—四一。

一九八三〈1923年東宮台湾行啓の〈状況的脈絡〉—天皇制の儀式戦略と日本植民地主義—1—〉，《教養学科紀要》第十六號，頁二三—三七。

一九八三〈台湾治警事件に関する一資料―内田嘉吉文庫蔵「台湾会設置関係書類」〉，《外国語科研究紀要》第三十一巻四期，頁七九―一二三。
一九八四〈厦門通信1983.5~7（上）〉，《アジア經濟旬報》一二九四號，頁一一七。
一九八四〈厦門通信1983.5~7（中）〉，《アジア經濟旬報》一二九五號，頁一一二〇。
一九八四〈厦門通信1983.5~7（下）〉，《アジア經濟旬報》一二九六號，頁一一一六。
一九八四〈台湾におけるエスニック関係の展開（「東アジア」にそくして）（エスニシティ＾特集＞）―（エスニシティ＾シンポジウム＞）〉，《教養学科紀要》第十七期，頁四七―五八。
一九八四〈台湾抗日ナショナリズムの問題状況・再考〉，《教養学科紀要》第十七期，頁八五―九七。

一九八四〈台湾における選挙と民主化（台湾の現在〈特集〉）〉，《中国研究月報》第四三九號，頁二三—三四。

一九八六 加々美光行、坂井臣之助、若林正丈〈動き始めたポスト蔣経国体制づくり—立法院選挙をめぐる台湾新情勢を分析する〉，《朝日ジャーナル》第二十八巻五十二期，頁二四—二九。

一九八六〈「台湾籍民」問題初探〉，《外国語科研究紀要》第三十四巻五期，頁九九—一一二。

一九八七〈日據時代台灣籍民的中國結〉，《當代》第九號，頁四四—五五。

一九八七〈台湾民主進歩党の挑戦〉，《中央公論》第一〇二巻五期，頁一五六—一六五。

一九八七〈転換期の台湾政治—「民主化へのドアはどれだけ開かれたのか」〉，《世界》第四九八號，頁一八〇—一九二。

一九八七〈台湾と中国の前途—謝長廷・趙少康対抗弁論〉，《中国研究月報》

第四七六號，頁一四—三一。

一九八七〈特集 ポスト戒厳令 政治改革の時間表（台湾を見ればアジアがわかる）〉，《中央公論》第一〇二卷十四期，頁三五六—三六三。

一九八七〈移行期の台湾政治体制と「統独問題」（特集 変容する中国の政治体制—北京・香港・台北）〉，《中国研究月報》第四七七號，頁三〇—三五。

一九八八〈宮廷政治の終焉（光陰似箭）〉，《中国研究月報》第四八〇號，頁三九。

一九八八〈ポスト蔣経国台湾の政情を読む〉，《中央公論》第一〇三號，頁一三六—一四三。

一九八八〈焦点 台湾の政治体制改革と中国・台湾関係の新段階（中国における改革と変動）〉，《国際問題》第三三五號，頁四二—五五。

一九八九〈台湾の「弾力外交」について〉，《中国研究月報》第四九四號，頁十—十二。

一九八九　イバンユカン著、若林正丈譯〈「台湾の主人として」—少数民族青年は訴える〉，《世界》第五二五號，頁三〇二—三一〇。

一九九〇〈台湾の「渦巻き選挙」—冷戦の崩壊に際会して〉，《世界》第五三七號，頁一九—二二。

一九九〇〈台湾：·民主化と「国体」の相剋〉，《アジア研究》第三十六巻三期，頁二五—三四。

一九九〇〈李登輝氏の持ち時間—「三すくみ」の台湾政治〉，《世界》第五四二號，頁十九—二二。

一九九〇〈台湾：一九九〇年夏印象記—「待ち疲れる」社会と政局〉，《中国研究月報》第五〇九號，頁三〇—三六。

一九九〇　鹿島正裕、恒川恵市、若林正丈〈討論脱・権威主義の時代へ?—東欧・東アジア・中南米を比較する＾シンポジウム˅〉，《世界》第五四三號，頁一七五—一八六。

一九九〇〈台湾：「出発選挙」のメッセージ（光陰似箭）〉，《中国研究月報》第四十四巻一期，頁十五—十六。

一九九〇〈前途多難な台湾版「新思考」外交—〝経済的発展〟を中国近代化のモデルとするが〉，《世界週報》第七十一巻七期，頁五八—六一。

一九九一謝長廷、若林正丈〈討論 台湾民主化の岐路に立って—90年代の台湾政治を展望する〉，《世界》第五五〇號，頁二六七—二七四。

一九九一〈報告 台湾政治の民主化—困難と展望（台湾民主化の岐路に立って—九〇年代の台湾政治を展望する）〉，《世界》第五五〇號，頁二六二—二六六。

一九九二蕭新煌著、若林正丈譯〈台湾の〝自我（セルフ）〟を求めて—民主化と「ナショナリズム」の行方を考える〉，《世界》第五六五號（特集〝中国〟の変動とアジア），頁五一—六四。

一九九二〈一九二三年東宮台湾行啓と「内地延長主義」〉，收於大江志乃夫編，《岩波講座 近代日本と植民地2 帝国統治の構造》（東京・：岩波書店），頁八七—八八。

一九九三若林正丈著、洪雪吟譯〈有關日據時期台灣史之中外研究成果及其檢評〉，《台灣文獻》第四十四卷一期，頁二一一—二三三。

一九九三若林正丈著、許佩賢譯〈日本的台灣殖民地支配史研究的成果〉（上），《當代》第八十七號，頁五〇—六一。

一九九三若林正丈著、許佩賢譯〈日本的台灣殖民地支配史研究的成果〉（下），《當代》第八十八號，頁七〇—八七。

一九九三〈「出発選挙」期に入った台湾政治—ポスト冷戦期の東アジアで〉，《世界》第五七九號，頁二六〇—二六八。

一九九三〈台湾的「蛻変」型民主化—民主化過程的再検討〉，《外国語科研究紀要》第四十一卷五期，頁三五—五一。

一九九三〈主流派主導の台湾政治に多元化の構造—本省人政権をつくった李総統の手腕〉，《世界週報》第七十三巻十二期，頁四〇—四五。

一九九三許信良、若林正丈〈台湾・民進党はこう政権をめざす〉，《世界》第五八九號，頁一九三—二〇一。

一九九三〈中台関係—交流拡大のなかの緊張—統合に向かう経済のベクトル・収斂しない政治のベクトル（アジアにおける地域紛争^焦点v）〉，《国際問題》第四〇三號，頁十七—三十。

一九九三〈「台湾民主化」で中台関係はどこへ—中短期には両国の政治が足かせに（中国の実験は成功するか—市場経済への大胆な試み）—（改革体制）〉，《世界週報》第七十四巻九期，頁四二—四五。

一九九四〈台湾をめぐる二つのナショナリズム—アジアにおける地域と民族〉，收入平野健一郎編《講座現代アジア4》（東京・東京大学出版会），頁二二五—四九。

一九九四〈井尻秀憲著「台湾経験と冷戦後のアジア」〉《アジア研究》第四十一卷一號，頁一一一一一一九。

一九九五〈中台政治対話の新たな現実主義〉，《世界》第六〇九號，頁二四六—二五〇。

一九九六〈第七章 台湾・韓国の政治体制と民主化—相違点対比の試み—〉，《韓国・台湾の発展メカニズム》（東京・：アジア経済研究所），頁二一九—二四二。

一九九六〈尖閣問題めぐる台湾政治の内実〉，《世界週報》第七十七卷四十五期，頁二十—二三。

一九九六〈民主台湾が揺るがす「72年体制」〉，（特集 新・日米安保体制とは），《世界》第六二四號，頁一四三—一四九。

一九九六〈台湾政権の正統性を確立する総統選挙〉，《世界週報》第七十七卷十一期（特集 台湾めぐる国際心理戦），頁十—十三。

一九九六〈総統選を「得票率」で読む—台湾住民は「中華民国第二共和制」を選んだ〉，《世界週報》第七十七卷十四期（特集 渦巻く台湾海峡），頁十四—十七。

一九九六〈アジア問題懇話会報告（12）李登輝政権の課題 民主化・ナショナリズム・外交〉，《問題與研究》（季刊）第二十六卷三期，頁七四—八四。

一九九七 李喬著、若林正丈譯〈台湾からの手紙（16）台湾の「ポスト・モダン」〉，《発言者》第四十三號，頁一〇二—一〇五。

一九九七 李喬著、若林正丈譯〈台湾からの手紙（15）「釣魚台を守れ」の連続芝居〉，《発言者》第四十二號，頁五四—五七。

一九九八 李喬著、若林正丈譯〈台湾からの手紙（17）「闍[コ]（イアムグ-）」と「水雄[コ]（ツイヒョング-）」〉，《発言者》第四十九號，頁一〇八—一一一。

一九九九　李喬著、若林正丈譯〈台湾からの手紙（19）自縄自縛の中国と同盟すべきアジア〉，《発言者》第六十四號，頁七六—八〇。

一九九九〈高橋満先生を送る〉，《東京大学大学院総合文化研究科地域文化研究専攻紀要》第四號，頁一五六—一五八。

一九九九〈台湾研究のイメージ（シンポジウム「台湾研究」とは何か?）〉，《日本台湾学会報》第一號，頁一—三。

一九九九〈小さな台湾の大いなる問い—「台湾の中華民国」の変容と「七二年体制」の動揺〉《大航海》第三十一號（特集 いま、中国とは何か?），頁三八—四三。

二〇〇〇〈第2部 台湾の50年「今台湾とは何か」をどう考える?〉，《北大法学論集》第五十一巻四期，頁二四八—二六四。

二〇〇〇〈台湾における国家・国民再編と中台関係〉，《国際問題》第四八八號（焦点 台湾問題の新段階），頁二—十五。

二〇〇〇〈台湾陳水扁政権はどのように形成されるのか〉，《世界週報》第八十一巻第十七期，頁一八—二一。
二〇〇〇〈台湾をめぐるアイデンティティ・ポリティックスへの視角—民主化、エスノポリティックス国家・国民再編〉，《東京大学大学院総合文化研究科地域文化研究専攻紀要》第五號，頁六八—八六。
二〇〇二〈ON THE RECORD 台湾政治の色彩学—2001年選挙のアイデンティティ・ポリティックス〉《東亞》第四一六號（特集 台湾の政界再編と中台関係），頁十—二十。
二〇〇二若林正丈著、許佩賢譯〈總督政治與台灣本地地主資產階級—公立台中中學校設立問題（1912-1915年）〉，《台灣風物》第五十二巻四期，頁一〇七—一四六。
二〇〇二〈戦後台湾政治における「伝統」と「革新」〉，《アジア研究》第四十八巻一期，頁二五—三六。

二〇〇二〈ポスト冷戦期の「台湾問題」と日本〉，《世界週報》第八十三巻十八期（特集 台湾最新事情），頁二六―二九。

二〇〇三〈研究ノート 戦後台湾遷占者国家における「外省人」：党国体制下の多重族群社会再編試論・その一〉，《東洋文化研究》第五號，頁一二一―一三九。

二〇〇三〈現代台湾におけるナショナリズムの展開とその現在的帰結―台湾政治観察の新たな課題〉，《日本台湾学会報》第五號，頁一四二―一六〇。

二〇〇四 若林正丈著、何義麟譯〈黃呈聰抱持「待機」之意涵―日本統治下台灣知識分子的抗日民族思想〉，《台灣風物》第五十四巻四期，頁一三七―一七〇。

二〇〇四〈台湾ナショナリズムと「忘れ得ぬ他者」〉，《思想》第九五七號，頁一〇八―一二五。

二〇〇四〈「眞実の瞬間」は近づいているか?—揺らぐ台湾海峡現状維持システムの前提〉，《論座》第一〇八號，頁七四—八一。

二〇〇四〈台湾総統選挙とポスト民主化期の政治再編〉，《国際問題》第五三五號（焦点：アジアの新しい政治潮流），頁三一—四五。

二〇〇四〈せめぎ合う台湾意識と中国意識 民主体制下で定着する「台湾自決」〉，《中央公論》第一一九巻九號（特集 東アジア・ナショナリズムの危険性），頁六六—九四。

二〇〇四 周婉窈著、若林正丈譯〈二度の「国引き」と台湾—黒住・木宮両氏との対話〉，《東京大学大学院総合文化研究科地域文化研究専攻紀要》第九號，頁一〇三—一一六。

二〇〇四〈九六年以後—総統選がつくってきた台湾独立世論〉，《中央公論》第一一九巻四號（特集「台湾独立」是か非か—総統選は日本の問題だ），頁九八—一〇六。

二〇〇五〈「中華民国台湾化」の行方─現代台湾政治構造変動への一視角〉,《問題與研究》(季刊)第三十四巻十期,頁一四七─一七二。

二〇〇五〈矢内原忠雄と台湾─『帝国主義下の台湾』をめぐって〉,《台灣應用日語研究》第二期,頁一─二二。

二〇〇六〈台湾における民主主義体制の不安定な持続──エスニック・ナショナルな文脈と政治構造変動〉,收入恒川惠市編《民主主義アイデンティティ》(東京:早稲田大学出版部)

二〇〇七〈現代台湾のもう一つの脱植民地化─原住民族運動と多文化主義〉,《台湾原住民研究》第十一號,頁十三─五四。

二〇〇七〈「中華民国台湾化」と「七二年体制」─台湾ナショナリズムの台頭を焦点に─〉,《東京大学大学院総合文化研究科地域文化研究専攻紀要》第十二號,頁六五─七八。

二〇〇八〈泥縄式もまた愉し─台湾政治を地域研究として見ること〉,《UP》

第三十七巻第十一號，頁二一一—二二五。

二〇〇八〈中華世界の中の台湾—地域的政治主体の台頭〉，《大航海》第六十六號（特集 中国—歴史と現在），頁一九六—二〇四。

二〇〇九〈総合司会挨拶〉（日本台湾学会設立一〇周年記念シンポジウム台湾研究この10年，これからの10年）《日本台湾学会報》第十一號，頁一—一三。

二〇一〇〈序章 李登輝が残したコンテキスト—ポスト民主化期の「憲政改革」—〉，《ポスト民主化期の台湾政治-陳水扁政権の8年》（東京：日本貿易振興機構アジア経済研究所），頁一—二五。

二〇〇九〈矢内原忠雄と植民地台湾人—植民地自治運動の言説同盟とその戦後〉，《東京大学大学院総合文化研究科地域文化研究専攻紀要》第十四號，頁七—三三。

二〇一〇 李喬著、若林正丈譯〈台湾における「特殊後植民情境」—（distinctive

post-coloniality）の文化現象（特集 インドネシア・朝鮮・「満州」・台湾）──（特集 近代の日本と台湾（9））《植民地文化研究》第九期，頁一七八──一八一。

二〇一二〈麵麭（パン）と愛情のディレンマ：「総統直選」が刻む台湾政治の足跡［一九九六──二〇一二］〉，《ワセダアジアレビュー》第十一號，頁一一──一六。

二〇一二〈葉榮鐘における「述史」の志：晩年期文筆活動試論〉，《中国21》第三十六期（特集 台湾：走向世界・走向中国）──（歴史文化の重層性と多元性），頁一五一──一七八。

二〇一四〈解說 王甫昌著『族群 現代台湾のエスニック・イマジネーション』〉，收入王甫昌著，松葉隼、洪郁如譯《族群──現代台湾のエスニック・イマジネーション──》（東京：東方書店），頁一五三──一六六。

二〇一四〈現代台湾の「中華民国」：例外国民国家の形成と国家性〉，《東洋文化》九十四期（特集 繁栄と自立のディレンマ：ポスト民主化台湾の国際政治経済学），頁九—二十七。

二〇一四〈台湾歴史から読み解く：序に代えて〉，收入若林正丈編《現代台湾政治を読み解く》（東京：研文出版），頁一—二二。

二〇一五〈康寧祥と「党外」の黎明：台湾オポジション第2次組党運動前夜〉，《日本台湾学会報》十七期，頁一二八—一四三。

二〇一五〈異なる歴史観が混在する「親日」台湾の諸相〉，《外交》32號（特集 戦後70年歴史と外交），二〇一五年七月，頁五〇—五五。

二〇一六〈台湾の「渦巻選挙」と非承認国家民主体制の苦悩〉，《ワセダアジアレビュー Waseda Asia review》十九號（特集2016選挙とレファレンダム）—（東アジアの選挙），頁一六—一九。

二〇一六〈名前の苦しみとナショナル・アイデンティティ：中華民国は台湾です，中国ではありません〉，《学士会会報》二〇一六年五月，頁三八—四三。

二〇一七〈「台湾島史」論から「諸帝国の断片」論へ：市民的ナショナリズムの台湾史観一瞥（現代台湾と〈1945〉：「跨境」する歴史経験）〉《思想》一一一九號，頁八五—九六。

F. 書評

一九八三若林正丈著、翁佳音譯〈評張正昌著「林獻堂與台灣民族運動」〉，《台灣風物》第三十三卷二期，頁一二三—一二七。

一九九四〈井尻秀憲著『台湾経験と冷戦後のアジア』〉，《アジア研究》四十一卷一號，頁一一一—一二〇。

一九九四〈共同幻想としての《中華》（石田浩著）〉，《中国研究月報》第五五四號，一九九四年四月刊，頁四九—五〇。

二〇〇七〈五十嵐眞子・三尾裕子編『戦後台湾における〈日本〉植民地経験の連続・変貌・利用』〉，《日本台湾学会報》第九號，頁二六五—

二六八。

二〇一二〈石垣直著『現代台湾を生きる原住民―ブヌンの土地と権利回復運動の人類学―』〉《アジア経済》第五十三巻四號，頁一五五―一五八。

二〇一二〈Book 二つの故宮の歷史に現れる政治の思惑・野嶋剛著 ふたつの故宮博物院〉《東方》三七五號，頁二二―二五。

G. 講演紀錄

一九八九〈台灣戰後政治史〉《現代學術研究》一，頁一九三―二一九。

一九九九〈台湾の政治動向と今後の中台関係〉《日本工業倶楽部木曜講演会講演要旨》通號一一〇八，頁一―二四。

二〇〇〇〈台湾・陳水扁新政権の課題〉《東亞》三九八號，頁六七―八〇。

二〇〇〇〈台湾政治と両岸関係〉《東亞》三九一號，頁六―十九。

H. 網路文章

二〇一四　〈台灣的「太陽花運動」和「多數」群體的意義〉，「nippon.com 日本網」https://www.nippon.com/hk/currents/d00128/

二〇一五　〈「親日台灣」是理所當然的嗎？‧若林正丈看台灣的兩個「戰後七十年」〉，「故事—寫給所有人的歷史」https://storystudio.tw/article/gushi/pro-japanese-taiwan-with-a-strange-history/

二〇一九　「我的台灣研究人生」專欄連載中，「nippon.com 日本網」https://www.nippon.com/hk/series/c068/

吳密察著作年表（摘要）

A. 專書

一九八三《台灣通史—唐山過海的故事》（台北：時報出版公司）

一九八四 與陳順昌合著《迪化街傳奇》（台北：時報出版公司）

一九八九 與若林正丈合著《台灣對話錄》（台北：自立晚報出版部）

一九九〇《台灣近代史研究》（台北：稻鄉出版社）

一九九二《日本觀察—一個台灣的視野》（台北：稻鄉出版社）

二〇〇四 與翁佳音、李文良、林欣宜合著《台灣史料集成提要》（台北：行政院文化建設委員會）

二〇〇五《台灣史10講》（台北：新自然主義出版公司）

B. 編著

一九九七《台灣史檔案．文書目錄（三）國立台灣大學藏伊能文庫目錄》（台北：國立台灣大學）

一九九七《台灣史檔案．文書目錄（十一）日本公藏台灣關係檔案目錄》（台北：國立台灣大學）

C. 共同編著

一九八六 與曹永和共同編著《日據前期台灣北部施政紀實 軍事篇》（台北：台北市文獻委員會）

一九九八 與陳板、楊長鎮共同編著《大家來寫村史：民衆參與式社區史操作手冊》（台北：唐山出版社）

一九九九 與陳板、楊長鎮共同編著《村史運動的萌芽》（台北：唐山出版社）

二〇〇五 與黃英哲、垂水千惠共同編著《記憶する台灣：帝國との相剋》（東京：

東京大學出版會）

二〇〇九 與石婉舜等共同編著《帝國裡的「地方文化」：皇民化時期台灣文化狀況》（台北，新自然主義出版社）

D. 編輯史料

一九九二 與吳瑞雲合編《台灣民報社論》（台北：稻鄉出版社）

一九九五—二〇一〇《淡新檔案》（共三十六卷）（台北：國立台灣大學）

二〇一五《乙未之役打狗史料 中文篇》（高雄市：高雄市文化局）

E. 企畫編輯

二〇〇〇《台灣史小事典》（台北：遠流出版公司）

二〇〇〇 與若林正丈主編《台灣重層近代化論文集》（台北：播種者文化公司）

二〇〇四 與若林正丈主編《跨界的台灣史研究——與東亞史的交錯》（台北：播

種者文化公司）

二〇〇四—二〇一一　《台灣史料集成》共一九五冊（台南：國立台灣歷史博物館）

F. 翻譯

一九八〇　H. Lamley（藍厚禮）〈一八九五年台灣之民主國——近代中國史上一段意味深長的插曲〉（與蔡志詳合譯），收入黃富三、曹永和主編《台灣史論叢第一輯》（新北：眾文出版公司）

一九八一　金子文夫原著〈日本殖民地研究的展開〉，《食貨月刊》第十一卷第八、九期。

一九八二　山根幸夫原著〈臨時台灣舊慣調查會的成果〉，《台灣風物》第三十二卷第一期。

一九九〇　竺沙雅章原著《新書東洋史③　征服王朝的時代》（台北：稻鄉出版社）

一九九七　與翁佳音、許賢瑤編譯，中村孝志原著《荷蘭時代台灣史研究上卷　概說、

產業》（台北：稻鄉出版社）

二〇〇二 與翁佳音、許賢瑤編譯，中村孝志原著《荷蘭時代台灣史研究下卷 社會文化》（台北：稻鄉出版社）

G.研究論文

一九八一 〈綜合評介「台灣事件」（一八七一—七四）的日文研究成果〉，《史學評論》第三期。

一九八一 〈一八九五年「台灣民主國」的成立經過〉，《國立台灣大學歷史學系學報》第八期。

一九八四 〈福澤諭吉的台灣論〉，《國立台灣大學歷史學系學報》第十、十一期。

一九八六 〈台灣領有論與琉球—福澤諭吉外政論的一個考察〉，《島尻勝太郎、嘉手納宗德、渡口眞清三先生古稀記念論集・球陽論叢》（沖繩：ひろぎ社）

一九八八〈明治三五年日本中央政界的「台灣問題」〉，《東海大學歷史學報》第九期。

一九八八〈台灣における日本近代史研究の成果〉，《年報・近代日本研究》第十號。

一九八八〈《建白書》所見的「征台之役」（1874）〉，『第二回琉中歷史關係國際學術會議』，沖繩。

一九八九〈矢內原忠雄『帝國主義下の台灣』的一些檢討〉，國立台灣大學歷史系編《民國以來國史研究的回顧與展望研討會論文集》（台北：國立台灣大學歷史系）

一九九二〈外國顧問 W. Kirkwood 的台灣殖民地統治政策構想〉，國立台灣大學歷史學系編《日據時期台灣史國際學術研討會論文集》（台北：國立台灣大學歷史學系）

一九九三〈一九〇五年廈門林維源銀行設立之計畫及其相關問題〉，鄭樑生編《中國與亞洲國家關係史學術研討會論文集》，（台北：文史哲出版社）。

一九九三　〈台灣人の夢と二二八事件〉，《岩波講座 近代日本と植民地 8》（東京：岩波書店）

一九九四　〈台灣史の成立とその課題〉，《アジアから考える 3》（東京：東京大學出版會）

一九九四　〈蕃地開發調查與「蕃人調查表」、「蕃人所要地調查書」〉，國立台灣大學歷史學系編《台灣史料國際學術研討會論文集》（台北：國立台灣大學歷史學系）

一九九四　〈台灣總督府修史事業與台灣分館館藏〉，國立中央圖書館台灣分館編《館藏與台灣史研究論文發表研討會彙編》（台北：國立中央圖書館台灣分館）

一九九五　〈乙未台灣史事探析〉，國立台灣師範大學歷史學系編《甲午戰爭一百週年紀念學術研討會論文集》（台北：國立台灣師範大學歷史系）

一九九五　〈導讀：「攻台戰紀」與台灣攻防戰〉，收入許佩賢譯《攻台戰紀》（台

北：遠流出版社）

一九九五 〈導讀：「攻台見聞」的時代性與史料價值〉，收入許佩賢譯《攻台見聞》（台北：遠流出版社）

一九九五 〈台灣の「國連加盟」と東アジアの和平共存〉，收入橫山宏章編《東アジアはひとつになれるか　ポスト冷戰と東アジアの進路》（東京：同文館）

一九九六 〈台灣の植民地型近代化への再認識〉，比較史．比較歷史教育研究會編《黑船と日清戰爭—歷史認識をめぐる對話—》（東京：未來社）

一九九七 〈「歷史」的出現〉，收入黃富三、古偉瀛、蔡采秀主編《台灣史研究一百年回顧與展望》（台北：中央研究院台灣史研究所籌備處）

一九九七 〈日清戰爭と台灣〉，東アジア近代史學會編《日清戰爭と東アジア世界の變容》（東京：ゆまに書房）

一九九八 〈從人類學者到歷史學者〉，國立台灣大學圖書館編《伊能嘉矩與台灣

研究特展專刊》（台北：國立台灣大學圖書館）

一九九八〈台大藏「伊能文庫」及其內容〉，國立台灣大學圖書館編《伊能嘉矩與台灣研究特展專刊》（台北：國立台灣大學圖書館）

一九九八〈日本近代內閣檔案與「征台之役」史料〉，東吳大學歷史系編《史學與文獻》（台北：學生書局）

一九九九〈台灣史研究はいかにして成立するか？──台灣ナショナリズムの歷史記述戰略〉，《日本台灣學會報》第一號。

一九九九〈台灣大學所藏の「伊能文庫」〉，《遠野物語研究》第三號。

一九九九〈乙未之役中的劉永福〉，鄭欽仁教授榮退紀念論文集編集委員會編《鄭欽仁教授榮退紀念論文集》（台北：稻鄉出版社）

一九九九〈乙未之役的新史料──日本東洋文庫藏《臺島劫灰》〉，李永熾教授六秩華誕祝壽論文集編集委員會編《李永熾教授六秩華誕祝壽論文集‧東亞近代思想與社會》（台北：月旦出版社）

二〇〇一 "Ino Kanori, Japanese ethnography and the idea of the 'tribe'", edited by David Faure, *In Search of the Hunters and Their Tribes: Studies in the History and Culture of the Taiwan Indigenous People*, Taipei, Shung Ye Museum of Formosan Aborigines.

二〇〇二 〈『民俗台灣』發刊の時代背景とその性質〉，藤井省三、黃英哲、垂水千惠編著《台灣の「大東亞戰爭」》（東京：東京大學出版會）

二〇〇五 〈植民地大學とその戰後〉，吳密察、黃英哲、垂水千惠共同編著《記憶する台灣：帝國との相剋》（東京：東京大學出版會）

二〇〇六 〈明治國家體制與台灣——六三法之政治的展開〉，《台大歷史學報》第三十七期。

二〇〇六 〈「淡新檔案」的文書學介紹〉，收入國立歷史博物館編委會編《台灣史十一講》（台北：國立歷史博物館）

二〇〇六 "The nature of Minzoku Taiwan and the context in which it was published." *Taiwan under Japanese colonial rule, 1895-1945: History, culture, memory*. Ping-hui Liao & David Wang, eds. Columbia University Press. 2006 Jun.

二〇〇七 Szu-Pei Chen, Jieh Hsiang, Hsieh-Chang Tu, Micha Wu: On Building a Full-Text Digital Library of Historical Documents. Asian Digital Libraries: Looking Back 10 Years and Forging New Frontiers (2007)

二〇〇九 〈『民俗台灣』發刊的時代背景及性質〉，收入石婉舜等編著，《帝國裡的「地方文化」:皇民化時期台灣文化狀況》（台北，播種者出版公司）

二〇〇九 The Emergence of "History": A Survey of the History of Taiwanese Historiography, *Chinese Studies in History*, vol.42,no.4.

二〇一〇 〈霧社事件研究の課題〉，《日本台灣學會報》第十二號。

二〇一一 〈學術與政治之間——鄭欽仁教授〉，收入施正鋒主編《台灣民主化過

程中本土人文社會學者》（台北：台灣國際研究學會）

二〇一四　〈「台灣文化」的歷史建構——一個初步的試論〉，施正鋒編《台灣文化》（台北：李登輝民主協會）

二〇一四　〈植民地に大學ができた!?〉，收入酒井哲哉、松田利彥編《帝國日本と植民地大學》（東京：ゆまに書房）

二〇一七　〈清末台灣之「淡新檔案」及其整理〉，《中國社會經濟史研究》（季刊）二〇一七年第二期，廈門大學。

二〇一七　〈導讀：伊能嘉矩的台灣研究及其當代意義〉，收入國史館台灣文獻館編譯《台灣文化志》（新北：大家出版公司）

二〇一七　〈「內地延長主義」與殖民地議會設置請願運動之啓動〉，黃煌雄編《三代台灣人：百年追求的現實與理想》（新北：遠足文化出版公司）

二〇一七　"Launching the land revolution: Taiwan land survey in the early twentieth century", in Sui-Wai Cheung ed. *Colonial Administration and Land Reform in East Asia*, Routledge.

二〇二〇 〈殖民地出現了大學!?〉，許佩賢編《帝國的學校．地域的學校》（台北：國立台灣大學出版中心）

二〇二〇 〈「歷史」的出現〉，張隆志編《島史的求索》（台北：國立台灣大學出版中心）

H. 書評

一九七七 〈評介曹著『台灣早期歷史研究』〉，《台灣風物》第二十九卷第四期。

一九八六 以筆名黃宗一發表〈書評：若林正丈著『海峽—台灣政治への視座』〉，《中國研究月報》第四五五號。

I. 會議論文（只列出未編印出版者）

一九九〇 〈日據初期在台灣的日本人〉，『台灣歷史上的族群問題研討會』，美國俄亥俄州州立大學。

一九九〇〈明治三八年における廈門林維源銀行設立計畫について〉，『近百年中日關係史國際研討會』，香港中文大學。

一九九五"Establishing a Taiwanese History", The 47th Annual Meeting of the Association for Asian Studies, Washington, D.C.

一九九七〈國立台灣大學の台灣史料について〉，『國際シンポジウム台灣植民地統治史研究の再檢討』，中京大學社會科學研究所。

一九九九〈以台灣史畫東亞地圖〉，『東亞海洋史與台灣島史座談會』，曹永和文教基金會主辦。

二〇〇〇 "'Kominka'' and Taiwan's Local Culture Movement: An Alternative Context for the Emergence of Minzoku Taiwan" Paper presented at the annual Association for Asian Studies Conference. San Diego, CA. March 9–12, 2000

二〇〇五〈乙未之役桃竹苗地區的抗日與客家人〉，《集體暴力及其記述：1000-2000年間東亞的戰爭記憶、頌讚和創傷國際學術研討會》（台北：國立台灣大學歷史系）

二〇一二〈台灣的中國文化〉，《東亞的中國文化國際會議》（首爾：東北亞歷史財團主辦）

J. 其他

二〇〇二〈第四章 台灣〉一—四節，松丸道雄、池田溫、斯波義信、神田信夫、濱下武志編著《世界歷史大系 中國史5》（東京：山川出版社）

二〇一八〈伊能嘉矩と台灣研究〉，《遠野學叢書10 伊能嘉矩—生誕一五〇年紀念講義錄》（岩手縣遠野市：遠野文化研究センター）

二〇一八〈台灣史研究と公文書〉，《東アジア近代史》第十二號。

二〇二〇〈「台灣史」と「日本史」の交錯〉，若林正丈、家永眞幸編《台灣研

究入門》（東京：東京大學出版會）

台灣對話錄
1989-2020

作　　者／若林正丈、吳密察
策劃主編／張隆志、劉夏如
發 行 人／魏淑貞
出 版 者／玉山社出版事業股份有限公司
地　　址／台北市 106 仁愛路四段 145 號 3 樓之 2
電　　話／（02）2775-3736
傳　　真／（02）2775-3776
電子信箱／ tipi395@ms19.hinet.net
網　　址／ http://www.tipi.com.tw
劃撥帳號／ 18599799 玉山社出版事業股份有限公司

副總編輯／蔡明雲
編　　輯／邱芊樺
封面設計／ Hong Da Design Studio
行銷企劃副理／侯欣妘
業務行政／林欣怡
法律顧問／魏千峰律師
初版一刷／ 2020 年 12 月
定　　價／新台幣 499 元

國家圖書館出版品（CIP）預行編目資料

台灣對話錄 1989-2020/ 若林正丈 , 吳密察作 . -- 初版 . -- 臺北市 : 玉山社出版事業股份有限公司 , 2020.12
面；　公分　ISBN 978-986-294-267-3(平裝)
1. 臺灣研究 2. 臺灣史 3. 文集　733.09　109019648